Bibliothèque de Philosophie scientifique

FÉLIX LE DANTEC

Chargé de cours à la Sorbonne.

Les Influences ancestrales

PARIS

ERNEST FLAMMARION, ÉDITEUR

26, RUE RACINE, 26

Droits de traduction et de reproduction réservés pour tous les pays,
y compris la Suède et la Norvège

Les Influences ancestrales

AUTRES OUVRAGES DU MÊME AUTEUR

Théorie nouvelle de la vie. 3ᵉ édition. 1 vol. in-8, cart.	6 »
Le Déterminisme biologique et la personnalité consciente. 2ᵉ édition. 1 vol. in-16	2 50
L'Individualité et l'erreur individualiste, 2ᵉ édition. 1 vol. in-16	2 50
Évolution individuelle et hérédité. 1 vol in-8 carton.	6 »
Lamarckiens et Darwiniens. 2ᵉ édition. 1 vol. in-16.	2 50
L'Unité dans l'être vivant, 1 vol. in-8.	7 50
Les Limites du connaissable. 2ᵉ édition. 1 vol. in-8.	3 75
Traité de biologie. 1 vol. grand in-8 illustré.	15 »
Les Lois naturelles. 1 vol. in-8.	6 »
Le Conflit, Entretien philosophique. 3ᵉ édit. 1 vol. in-16.	3 50
La Sexualité.	2 »
La Matière vivante. (épuisé)	2 50
Les Sporozoaires (en collaboration avec L. Bérard).	2 50
La Bactéridie charbonneuse.	2 50
La Forme spécifique.	2 50

A ÉMILE LACOUR

PROFESSEUR A LA FACULTÉ DES SCIENCES DE RENNES

Cher maître et ami,

A l'heure où paraîtra ce volume, il y aura vingt ans que s'inaugurait le lycée Janson de Sailly. J'eus le bonheur d'y suivre votre cours et je me rappelle encore certains étonnements que me fit éprouver votre manière de concevoir l'enseignement des mathématiques spéciales.

Vous commençâtes par nous démontrer l'origine expérimentale de la numération et de l'addition, et, provincial avide de merveilles, je trouvai cela bien terre à terre pour un « lycée de Paris »; à mon avis, la supériorité du « taupin » sur les autres élèves, venait surtout de ce qu'on lui apprend des choses mystérieuses, inaccessibles au bon sens des simples rhétoriciens; je fus donc vivement déçu...

Plus tard, à propos de l'infiniment grand et de l'infiniment petit, notions que mon jeune cerveau de métaphysicien trouvait parfaitement claires, vous vous donnâtes beaucoup de mal pour nous enseigner une nouvelle manière de parler, absolument rigoureuse et ne laissant prise à aucune équivoque.

Je constatai d'ailleurs, l'année suivante, le même souci philosophique, dans les leçons de Jules Tannery, à l'École Normale, et je pense que ce langage impeccable s'est généralisé depuis dans l'enseignement secondaire.

Vous revîntes à la charge, avec une insistance que je déplorai, quand il fut question de la continuité, de la convergence des séries, de la définition des dérivées, etc... Quelque temps *après, vous nous fîtes saisir les conventions légitimes qui se cachent derrière la théorie des imaginaires, et je dus renoncer à voir en rêve les points cycliques de l'Infini!*

A un âge où l'on est encore curable, vous m'avez guéri de la métaphysique héréditaire, vous m'avez appris à redouter l'emploi des mots qui ne sont pas parfaitement définis, et à prendre toujours comme point de départ les éléments mesurables des choses. Enfin, secret auquel bien peu furent réellement initiés, vous m'avez fait toucher du doigt la différence qu'il faut établir, dans l'étude de toutes les questions, entre le point de vue scientifique et le point de vue humain.

De vos leçons, peut-être insuffisamment appréciées par mon intelligence de quinze ans, j'ai conservé cependant une empreinte indélébile, et maintenant que je prétends avoir trouvé, dans la fixation des caractères acquis par l'expérience ancestrale, l'origine des croyances absolues contre quelques-unes desquelles vous m'avez mis en garde, vous devez accepter en partie la responsabilité d'un livre que beaucoup, même parmi les libres penseurs, trouveront trop librement pensé, et où je me suis simplement efforcé, ainsi que vous me l'avez appris il y a vingt ans, de me soumettre sans réserve aux règles salutaires de la méthode scientifique.

Ty plad en Pleumeur-Bodou, 2 septembre 1904.

Félix LE DANTEC.

INTRODUCTION

LA NARRATION HISTORIQUE

« La science des littératures et des philosophies, a dit Renan, c'est l'histoire des littératures et des philosophies ; la science de l'esprit humain, c'est l'histoire de l'esprit humain. » La théorie transformiste permet de donner à cette proposition un sens beaucoup plus étendu que ne l'avait peut-être prévu l'illustre auteur des *Origines du Christianisme;* si l'histoire nous montre l'enchaînement des concepts d'ordre religieux ou philosophique qui se sont succédé dans l'esprit des hommes, nous avons aujourd'hui le droit de penser que la préhistoire nous ferait assister à l'apparition progressive des *éléments mêmes de notre esprit;* si l'histoire nous apprend, comme disait Darwin, la variation *dans l'intérieur de l'espèce* humaine, la préhistoire nous ferait saisir les variations plus profondes qu'ont subies nos ancêtres avant de devenir les hommes dont s'occupe l'histoire. Il n'existe dans une espèce actuelle aucune particularité qui n'ait apparu au cours des temps ; si nous connaissions toute la préhistoire, nous saurions dans quelles circonstances chaque particularité de notre mécanisme s'est ajoutée aux particularités préexistantes ou, du moins, est née d'une modification de caractères antérieurs.

Malheureusement, nous ne savons pas la préhistoire ; les documents paléontologiques que nous possédons sont si rares et si incomplets qu'ils ne nous permettent aucune reconstitution de généalogie spécifique ; du moins suffisent-ils à nous démontrer que les espèces ont varié et qu'elles ont varié dans des limites très étendues ; nous sommes certains, par conséquent, que si nous pouvions reconstituer la généalogie de l'homme, par exemple, cette généalogie comprendrait, à mesure que nous remonterions dans le temps, des types de plus en plus éloignés de celui de l'homme, n'appartenant plus à la classe des mammifères, n'appartenant même plus à l'embranchement des vertébrés lorsque nous serions arrivés à une époque assez reculée. La contemplation, dans un musée, de cette série de formes serait extrêmement instructive, et, cependant, elle nous donnerait une documentation incomplète, car il faudrait connaître aussi, à chaque transition entre deux types voisins, les circonstances qui ont déterminé cette transition ; un être vivant n'est pas un mécanisme *isolé ;* son fonctionnement fait partie d'une activité d'ensemble dans laquelle il joue un rôle et de laquelle il subit l'influence, de sorte que, en réalité, pour pouvoir raconter comment une espèce est devenue ce qu'elle est aujourd'hui, il faudrait être au courant, non seulement de toute la généalogie de cette espèce, mais de toute l'histoire et de toute la préhistoire des milieux dans lesquels ont vécu tous ses ascendants. Une telle narration est donc impossible et le sera toujours; et néanmoins, grâce au génie de Lamarck et de Darwin, nous savons aujourd'hui faire, sans craindre de nous tromper, la philosophie d'une histoire et d'une préhistoire que nous ne connaissons pas. Nous voilà bien loin de la règle de conduite que propose le sage Montaigne : « Je veois ordinairement, dit-il, que les hommes, aux faicts qu'on leur propose, s'amusent plus volontiers à en chercher la raison qu'à en chercher la vérité. Ils passent par dessus les présuppositions ; mais ils examinent curieusement les conséquences ; ils laissent les choses et courent aux causes. Plaisants causeurs!..... Ils commencent ordinairement ainsi : « Comment est-ce que cela se faict? » « Mais se faict-il? » faudrait-il dire. Notre discours est capable d'estoffer cent aultres mondes, et d'en trouver les principes et la contexture ; il ne lui fault ni matière ni baze : laissez le courre ; il bastit aussi bien sur le vuide que sur le plain, et de l'inanité que de matière. » (*Essais*, livre III, ch. xi).

Cette boutade du grand sceptique contient en germe toutes les objections qui ont été faites au transformisme. « Montrez-nous, dit-on, une espèce qui ait varié, avant de vous préoccuper d'expliquer comment et pourquoi les espèces varient, avant surtout d'accumuler les variations hypothétiques pour nous faire comprendre que nous soyons aujourd'hui ce que nous sommes. »

Au fond, ce n'est pas la question même de la variation qui est en jeu ; la variation est évidente ; il est certain que la formule : « Les êtres reproduisent des êtres semblables à eux-mêmes », n'est qu'une loi approchée, la similitude des rejetons avec les parents n'allant jamais jusqu'à l'identité. Ce que l'on discute, c'est la valeur que peut atteindre la variation ; est-elle susceptible de franchir les limites de l'espèce ?

Si l'on se borne aux documents historiques, on est amené à répondre négativement. Non seulement les hommes de notre époque nous paraissent appartenir à la même espèce que les Chaldéens, mais même tous les animaux que nous ont conservés les anciens Égyptiens se classent sans difficulté dans le cadre des espèces aujourd'hui vivantes. Quant aux cas de variations brusques autour desquels les néo-Darwiniens mènent depuis quelque temps si grand bruit, j'essaierai de montrer dans ce livre qu'ils sont en dehors de la question et représentent des phénomènes particuliers auxquels on ne saurait comparer l'ensemble des modifications ancestrales qui conduisent aux espèces actuelles.

Mais si l'on se reporte aux époques géologiques, la transformation spécifique devient évidente ;

parmi les milliers d'espèces dont nous trouvons les restes fossiles, dans les terrains jurassiques, par exemple, il n'en est aucune qui soit aujourd'hui vivante ; si donc, ayant fait cette constatation qui s'impose à tout visiteur d'une galerie de paléontologie, on veut encore nier la possibilité d'une variation hors des limites de l'espèce, il faut de toute nécessité admettre les deux points suivants :

1° Que, par un hasard singulier, toute espèce dont *un individu* a eu la chance de laisser dans le sol une trace de sa morphologie s'est forcément éteinte avant notre époque ;

2° Que, par un hasard non moins singulier, aucun des ancêtres des innombrables êtres aujourd'hui vivants n'a pu se trouver dans des conditions convenables de fossilisation.

L'absurdité de ces deux propositions est tellement évidente que personne ne se hasardera à les soutenir, car il n'y a aucun rapport entre la vitalité d'une espèce et le sort des cadavres de ses membres dans les couches géologiques en voie de formation. Et par conséquent, pour nier le transformisme, il faudra imaginer : 1° que la lignée d'aucun des êtres vivant à l'époque jurassique ne s'est perpétuée jusqu'à nous, ce qui n'aurait rien de particulièrement invraisemblable ; 2° qu'aucun de nos contemporains, animaux ou végétaux, n'avait d'ancêtre à l'époque jurassique et que, par conséquent, toutes les espèces actuellement vivantes ont apparu brusquement depuis, phénomène dont nous n'avons jamais constaté un exemple et dont personne, à notre époque, ne songerait à faire la base d'un système.

Il faut donc, de toute nécessité, admettre que l'accumulation des petites variations, dont nous constatons l'apparition au cours d'observations relativement courtes, peut, au cours d'un laps de temps suffisant, franchir les limites de l'espèce ; cette proposition n'est, il est vrai, démontrée que par l'absurdité de toute autre interprétation des découvertes paléontologiques, mais nous devons nous contenter de cette démonstration par l'absurde, quoique ce soit là un mode inférieur de démonstration.

Nous parlerons donc désormais des formes ancestrales qui conduisent à une espèce actuelle ; mais, pour aucune des espèces connues, nous ne saurons décrire cette série de formes ; et néanmoins, grâce à Lamarck et à Darwin, nous tirerons, de la certitude qu'elle a existé, des conclusions scientifiques de première importance ; je le répète, nous ferons la philosophie d'une préhistoire que nous ne connaissons pas et cette philosophie aura cependant une solidité à toute épreuve.

Si nous connaissions la généalogie complète d'un être actuellement vivant et toutes les circonstances qu'ont traversées ses ascendants, nous en tirerions la narration précise de la *fabrication* de l'individu considéré, fabrication qui a duré des milliers de siècles et qui résulte d'une série de phénomènes *ininterrompue* depuis l'apparition de la vie ; nous saurions à quels ancêtres et dans quelles conditions est due l'acquisition de telle particularité de structure qui nous étonne aujourd'hui. Ce serait là le mode *historique* d'explication. Nous ne pouvons pas le réaliser ; mais cette impossibilité résulte uniquement, nous en sommes sûrs, de la disparition des documents ; nous ne sommes donc pas en mesure de dire : si tel individu agit de telle manière dans telles conditions, cela tient à ce que tel et tel de ses ancêtres[1] ont été soumis, dans telles circonstances, à telles variations.

Ou plutôt, cette phrase, nous pouvons affirmer qu'elle est correcte, mais nous ne savons pas et nous ne saurons jamais remplacer les « tels » qu'elle contient par des descriptions précises. Cette phrase, qui est simplement l'affirmation des *influences ancestrales*, est, je le répète, absolument correcte, pourvu que l'on ajoute aux variations subies par les ancêtres celles qui ont atteint l'individu lui-même jusqu'au moment considéré, pourvu que l'on ajoute son *éducation personnelle* à son *éducation spécifique* ou *ancestrale* ; pourvu, en d'autres termes, que l'on tienne compte de tout ce qui s'est passé dans sa lignée[2] depuis l'apparition de la vie jusqu'à l'instant où on l'observe aujourd'hui.

Je dois faire ici une remarque sur les significations variées du mot « explication ». Une plaisan-

1. Y compris l'individu lui-même qui est le terme de la série.
2. Nous étudierons plus tard la complication résultant du fait que, pour un homme, la lignée ascendante est infiniment dichotome.

terie dont on amuse les enfants les met en garde contre les diverses acceptions de l'interrogation « pourquoi ? » ; « Pourquoi les meuniers ont-ils des chapeaux blancs ? » leur demande-t-on ; et quand ils ont proposé l'explication historique : « parce qu'ils sortent du moulin où la farine voltige dans l'air » ou l'explication chimique et actuelle « parce qu'il y a de la farine sur leur chapeau », on leur donne une explication finaliste : « pour se coucouvrir la tête », qui les surprend d'autant plus qu'elle néglige l'idée de couleur sur laquelle semblait porter plus particulièrement la question posée. Cette explication finaliste, on la retrouve à chaque pas dans les livres d'histoire naturelle et surtout dans les ouvrages de Bernardin de Saint-Pierre ; mais elle n'est, en général, de mise que quand il s'agit d'êtres vivants. Le Rhône, à Lyon, change de couleur au moment de ses crues, suivant que la crue provient de l'Ain qui jaunit, de l'Arve qui verdit ou du Rhône de Suisse qui bleuit. « Pourquoi le Rhône est-il jaune aujourd'hui ? » — « Parce que l'Ain a grossi (explication ancestrale ou historique) ; — parce qu'il contient en suspension des boues ocreuses (explication actuelle ou chimique). » Je ne vois pas ici la possibilité d'une explication finaliste qui ne soit pas tirée par les cheveux. Ce qu'il y a, au contraire, de très remarquable dans les êtres vivants, c'est que, pour un observateur suffisamment prévenu, chaque particularité de leur structure est ordinairement susceptible d'une interprétation finaliste, ce que l'on exprime en général en disant que ces êtres sont *adaptés à leur milieu ;* le grand intérêt du système transformiste et surtout du langage darwinien est précisément qu'il permet, dans tous les cas, de substituer à l'interprétation finaliste une narration historique qui lui est équivalente. Cette narration historique est même la seule possible dans le cas de *tares* héréditaires dont il n'est pas facile de découvrir l'utilité pour celui qui en est porteur.

Je n'ai pas à montrer ici la supériorité de l'explication historique, ou plutôt de la narration historique — car nos explications ne sont jamais que des narrations — sur l'explication finaliste qui est toujours stérile ; mais n'oublions pas que la narration historique, au sens propre du mot, est toujours impossible, faute de documents ; nous verrons comment le langage darwinien nous permet de substituer à cette narration impossible une autre narration qui extrait d'une préhistoire inconnue une philosophie connue et certaine ; mais il faudra aussi se défier de ce langage qui, si l'on en abuse, peut devenir aussi stérilisant que le langage finaliste.

Reste la troisième narration, actuelle, chimique ou physiologique ; cette narration peut être complète si nos moyens d'investigation sont suffisants, car tout ce qui se passe à chaque instant dans un être vivant dépend uniquement de la structure de l'être à ce moment et de l'état, au même instant, du milieu qui l'entoure ; une description parfaite d'un individu et de son milieu devra donc contenter entièrement, à un certain point de vue, celui qui aura demandé pourquoi tel individu agit de telle manière à tel moment ; mais si la curiosité de l'interrogateur n'est pas éteinte, et s'il demande ensuite pourquoi l'être observé a précisément à ce moment cette structure particulière, il faudra lui répondre par la méthode historique, et raconter la genèse du mécanisme, soit en faisant simplement son étude embryologique, si l'interrogateur veut bien se contenter de l'œuf comme point de départ, soit en racontant toutes les influences ancestrales, si l'interrogateur, auquel on parle de la structure précise de l'œuf, demande de nouveau pourquoi l'œuf a cette structure. La narration physiologique est complète par elle-même ; la narration historique lui ajoute seulement de quoi tranquilliser ceux qui s'étonnent à chaque instant que les choses soient comme elles sont, — c'est là pourtant le terme de la connaissance humaine du monde, — et qui sont plus satisfaits par une série chronologique de ces constatations que par l'une d'entre elles considérée isolément.

Ces deux narrations, physiologique et historique, sont entièrement distinctes l'une de l'autre, et il faut se défier d'un langage dans lequel on les mêlerait sans précaution, car ce langage conduirait à des croyances mystiques, d'ailleurs fort répandues. Quand je dis qu'un être vivant agit à un certain moment d'une certaine manière dans des circonstances données à cause de tous les événements qui ont constitué l'histoire de ses ancêtres et la sienne propre jusqu'au moment considéré, j'énonce une proposition qui peut être soutenue sans aucun danger. Il n'en est plus de même si je spécifie quel est cet être vivant, si je le distingue, par son nom personnel, de tous les autres êtres vivants, car ce nom personnel renferme une désignation complète de ce qu'est son mécanisme. *Monsieur Un Tel* agit de telle manière dans telle circonstance, parce qu'il est *Monsieur Un Tel* et qu'il est, par suite, doué de telle structure précise ; si donc je dis que *Monsieur Un Tel* obéit, en agissant de telle manière, à des influences ancestrales (ce qui est également vrai pour tous les actes de sa vie), je prête le flanc à l'interprétation mystique qui voudrait que des événements passés depuis des siècles intervinssent aujourd'hui *dans le fonctionnement parfaitement déterminé d'un mécanisme actuel.*

On pourra trouver puéril que j'insiste tant à ce sujet; la forme du langage courant et le mysticisme général ont rendu cette insistance nécessaire ; qui de nous, assistant à une représentation des *Revenants*, d'Ibsen, n'a senti passer dans l'air de la salle un souffle de terreur, lorsque l'art du dramaturge fait deviner, planant invisible sur la destinée du fils, le génie malfaisant du père débauché ? C'est surtout quand il s'agit de particularités mentales dont le substratum physique ne nous est pas immédiatement connu, que les « influences ancestrales » nous paraissent effrayantes et surnaturelles. Il sera bien entendu désormais que, quand nous parlons des influences ancestrales, nous songeons à la narration historique des choses et que cela n'infirme en rien la notion du déterminisme actuel : « Chaque chose se passe, à chaque instant, dans chaque individu, pour des raisons qui sont en lui et autour de lui. »

**
* **

Dans les lignes précédentes nous avons parlé, comme d'un phénomène ininterrompu, de la genèse historique d'un être actuel ; c'est bien, en effet, un phénomène ininterrompu et nous pouvons affirmer que *la vie* des animaux ou des végétaux que nous connaissons *n'est jamais un phénomène qui commence ; c'est un phénomène qui continue.* Mais sur le trajet continu qui constitue une lignée, il se manifeste, de distance en distance, des accidents ayant une durée plus ou moins longue et que nous appelons des *individus ;* nous sommes nous-mêmes des individus et notre langage, assurant les rapports d'homme à homme, est essentiellement individualiste, de sorte que, comme les individus naissent et meurent, c'est-à-dire commencent et finissent, nous racontons forcément l'histoire d'une espèce comme une série d'accidents *séparés* entre lesquels existe un lien qui nous paraît mystérieux et que nous appelons l'hérédité ; mais en réalité ce lien mystérieux n'existe pas seulement d'individu à individu ; on peut dire qu'il constitue l'essence même des phénomènes vitaux et qu'il se manifeste aussi bien dans toutes les particularités de la vie individuelle que dans la reproduction des individus.

Raconter l'histoire d'une espèce comme celle d'une série discontinue d'individus distincts, c'est un peu comme si l'on racontait le cours d'un fleuve en le décomposant en une série de tourbillons séparés et dont chacun est susceptible d'une description propre... Encore cette comparaison est-elle extrêmement grossière, précisément parce que les tourbillons ne sont pas liés les uns aux autres par une relation rappelant, même de loin, l'hérédité qui unit les individus ; l'eau qui sort d'un tourbillon peut entrer dans la constitution d'un tourbillon tout différent sans que la forme[1] du nouveau tourbillon se ressente en rien de celle du premier tourbillon dont il reçoit son eau. Il n'y a rien qui, dans la forme d'un tourbillon, puisse être attribué à une *influence ancestrale*.

Autre chose : l'eau qui sort d'un tourbillon en sort comme elle y est entrée, sans y avoir acquis le moindre caractère nouveau ; au contraire, si j'ose m'exprimer ainsi, la *lignée* qui sort d'un individu n'est pas indifférente à ce qui s'est passé dans l'individu et peut avoir acquis, dans cet individu, des propriétés qu'elle n'avait pas en y

---

1. Il n'en est pas de même de la couleur, parce que la couleur est due à des propriétés chimiques qui se transmettent de tourbillon à tourbillon ; mais la morphologie d'un tourbillon n'est aucunement influencée par la chimie de son eau, ce qui est une nouvelle différence avec les individus.

entrant ; l'individu n'est pas un accident insignifiant sur le cours d'une lignée ; il peut y avoir addition aux propriétés de la lignée de propriétés acquises par l'individu ; il peut y avoir, en d'autres termes, modification, dans l'individu, de l'hérédité qu'il a reçue de ses ascendants. Cette seconde particularité ne pouvait évidemment pas se trouver dans les tourbillons, car pour qu'il puisse y avoir modification d'hérédité, il faut d'abord qu'il y ait hérédité ; c'est précisément pour cela (l'hérédité étant caractéristique de la vie qui ne peut se définir que par elle) qu'il est impossible d'établir une bonne comparaison entre la continuité des phénomènes vitaux et la continuité d'un phénomène où il n'existe rien qui rappelle l'hérédité. La comparaison serait moins imparfaite s'il s'agissait d'une ondulation qui se transmet *semblable à elle-même* dans un milieu homogène et qui, traversant un milieu spécial, acquiert un caractère nouveau (la polarisation, par exemple) que conservent ensuite ses descendants dans un milieu homogène.

Laissons là ces comparaisons qui clochent toutes plus ou moins, et retenons simplement ceci que, la lignée qui sort d'un individu est identique à la lignée dans laquelle il s'est formé, SAUF les modifications acquises, les caractères acquis pendant le passage à travers cet individu. C'est là, c'est dans cette *loi approchée* de la transmission de l'hérédité qu'est toute la biologie. Dans l'hérédité actuelle d'un être, se trouvent les *acquêts* de tous ses ascendants ; c'est là ce que nous devons étudier dans ce livre sous le titre « Les Influences ancestrales »; il faudra évidemment pour cela que nous commencions par établir cette *loi approchée* qui résume toute la biologie : Il y a hérédité, et cependant des variations sont possibles ; ce sera donc l'objet du premier livre de cet ouvrage.

* *

La lignée d'un homme ou d'un animal supérieur n'est pas simple; un homme provient de deux parents qui, chacun pour son compte, avaient également deux parents, et ainsi de suite; notre lignée ascendante est infiniment dichotome; au tarif de quatre générations par siècle, cela fait pour chacun de nous, il y a huit siècles, plusieurs centaines de millions d'ancêtres *directs* dont l'étude, ainsi que celle des générations intermédiaires, serait indispensable à l'établissement de toutes les influences ancestrales possibles. Et qu'est-ce que huit siècles auprès du temps qui s'est écoulé depuis l'apparition de la vie à la surface de la Terre? En remontant assez haut, on peut dire presque sans exagération que, pour connaître les influences ancestrales susceptibles de se manifester dans un être d'aujourd'hui, il faudrait avoir passé en revue tous les êtres qui ont vécu!

A ce problème insoluble nous en substituerons donc un autre, grâce à une constatation facile à faire. Le phénomène sexuel de la fusion de deux lignées est encore, à notre époque, entouré de bien des ténèbres. Du moins est-il un point qui paraît indiscutable, c'est que les propriétés *communes* aux deux lignées se transmettent sans modification à la lignée résultant de leur fusion. Ces propriétés communes, ce sont les propriétés spécifiques et même les propriétés de race dans les unions de race pure : si donc nous nous occupons uniquement de l'origine des espèces ou des races sans pousser jusqu'aux caractères individuels, nous n'aurons pas à nous soucier des mélanges de lignées qui se font à chaque génération ; nous pourrons étudier les influences ancestrales qui se manifestent dans une espèce actuelle en raisonnant comme si, dans l'ascendance de cette espèce, ne s'étaient pas produits de mélanges sexuels, en raisonnant comme pour les lignées à multiplication agame.

Même en nous limitant à cette partie du programme nous pourrons déjà obtenir des résultats fort intéressants, par exemple dans l'étude des parties de l'esprit humain qui sont communes à tous les hommes.

Ensuite, nous nous proposerons de rechercher quel est le résultat du mélange sexuel lorsqu'il s'agit de propriétés qui ne sont plus communes aux deux lignées ; là nous constaterons la plus grande variabilité ; la lignée nouvelle pourra posséder telle propriété de l'une des précédentes, telle propriété de l'autre et même telle propriété nouvelle ayant apparu dans le mélange même ! la variabilité sera telle que nous devrons parler des HASARDS de l'*amphimixie*, deux fécondations successives entre deux lignées données, produisant des résultats entièrement différents ; nous constaterons notre impuissance à prévoir le produit de l'union de deux générateurs.

Au contraire, nous aurons lieu de nous montrer satisfaits des résultats de la première partie de notre étude, celle dans laquelle nous aurons négligé les considérations sexuelles ; en particulier il sera très instructif de séparer, dans l'espèce humaine, les caractères qui proviennent des conditions de la vie individuelle de ceux qui tirent leur origine des nécessités d'une vie sociale prolongée pendant des milliers de siècles.

**

Il est permis de se demander s'il n'y a pas une certaine indiscrétion, peut-être dangereuse, dans la recherche de l'origine historique des divers éléments qui composent aujourd'hui la conscience humaine ; le fait seul d'avoir pensé que notre sentiment de la justice, du bien et du mal, est né de certaines circonstances, prolongées fort longtemps il est vrai, mais plus ou moins modifiées aujourd'hui, nous amène à douter de la valeur de notre criterium intérieur qui n'est peut-être plus adéquat à l'état actuel de notre société. Il faut d'ailleurs que cela soit, pour que tant de gens, à notre époque, hésitent, dans certaines circonstances, entre leur devoir social et les ordres impérieux d'une conscience morale qui n'est, au sens étymologique du mot, qu'une *superstition*.

2.

Superstition et *influence ancestrale* sont synonymes; mais il y a des superstitions nées d'un état de choses qui dure encore et qui, par conséquent, sont encore d'un bon usage; il y en a d'autres qui proviennent de circonstances à jamais disparues et qui peuvent être, dans les conditions actuelles, des impedimenta sérieux pour leurs propriétaires. Quelques-unes des particularités de notre conscience morale, peut-être même celles auxquelles nous tenons le plus et dont nous sommes le plus fiers, sont sans doute aussi surannées que l'instinct bizarre des chiens, tournant plusieurs fois sur eux-mêmes avant de se coucher sur un plancher ou un tapis, parce que leurs ancêtres des prairies avaient avantage à exécuter ce mouvement de rotation pour se faire un nid dans les hautes herbes.

Mais ne sera-ce pas une infériorité pour un homme que de ne plus croire à la valeur absolue des plus puissants mobiles qui le déterminent à agir? Trouvera-t-il dans des considérations de pure relativité, l'enthousiasme dont étaient animés ceux qui croyaient posséder un Dieu intérieur? L'homme sage ne sera-t-il pas forcément débordé par les fanatiques? Pour être vraiment sage il faudrait savoir imiter quelquefois le *tenacem propositi* du bon Horace, tout en conservant le pouvoir de résister aux ordres de sa conscience quand on les jugerait dangereux pour soi-même ou pour ses semblables.

Cela est-il humain?

Il est bien probable que les philosophes, par cela même qu'ils ont l'esprit scientifique et ne croient pas posséder la vérité absolue, ne seront jamais des hommes d'action. Tant qu'ils n'auront pas trouvé une formule nouvelle capable de remplacer, dans l'état actuel des choses, d'anciennes formules devenues dangereuses, quelques-uns se demandent s'il est bon que leur désarroi et leur doute pénètrent les foules agissantes. « Il n'y a pas dans le monde, a dit Renan, une raison assez forte pour empêcher un homme de science de publier ce qu'il croit être la vérité. » « Toute vérité n'est pas bonne à dire », affirment au contraire les partisans de la tradition et du *statu quo*. Que des opinions aussi contradictoires puissent être soutenues en toute sincérité par des hommes de bonne foi, cela me paraît prouver surtout ceci, qu'on ne s'entend pas sur ce que représente le mot « vérité »; et il est en effet bien difficile de s'entendre sur une définition quelconque, quand on conserve, dans un camp, la croyance en des *entités absolues* qui, pour les champions du camp adverse, sont seulement la conséquence d'événements historiques.

LES INFLUENCES ANCESTRALES

PREMIER LIVRE

LIGNÉE ET VARIATION

§ 1. Plan du premier livre.

Avant de commencer la narration historique de l'apparition des divers caractères qui se remarquent dans les espèces actuelles, il convient de rechercher s'il n'existe pas de formule générale, s'appliquant à tous les êtres vivants présents ou passés et dominant par conséquent l'histoire évolutive de toutes les espèces. Si en effet une telle formule existe, — et le fait même qu'on attribue à des êtres aussi différents la dénomination commune d'*êtres vivants* suffit à le faire prévoir, — elle permettra peut-être de rétablir, au moins dans leurs grandes lignes, certaines parties de l'histoire des êtres sur lesquelles nous n'avons plus aucun document historique ou paléontologique; nous pourrons faire, comme je le disais précédemment, la philosophie d'une histoire que nous ne connaissons pas.

Nous allons donc rechercher d'abord ce qu'il y a de commun à tous les êtres vivants; pour faire cette recherche nous nous placerons successivement aux divers points de vue qu'il est possible de choisir pour faire l'étude de la vie ; nous trouverons dans les recherches d'ordre chimique et dans la loi approchée d'hérédité, le fil d'Ariane qui nous permettra d'unir le présent au passé par des formules générales.

La notion de la continuité des lignées et la clause restrictive « sous peine de mort » nous suffiront à établir, avec une approximation suffisante pour l'objet que nous poursuivons ici, les principes de Lamarck et de Darwin.

Ce premier livre ne sera donc qu'un résumé — aussi général qu'il est possible — de toute la Biologie; la lecture en sera naturellement fort aride à cause de sa concision, mais les lecteurs qui connaissent déjà les grandes lois biologiques, aussi bien que ceux qui veulent bien accepter comme établis et sans les discuter les principes de l'évolution, pourront sans inconvénient commencer l'ouvrage au deuxième livre qui se présentera sous un aspect moins rébarbatif.

CHAPITRE PREMIER

LES DIVERS POINTS DE VUE DANS L'ÉTUDE DE LA VIE

§ 2. Pas de caractère physique commun aux êtres vivants.

Nous ne connaissons pas encore de manifestation physique commune à tous les êtres vivants et à eux seuls, comme la lumière est commune à tous les corps lumineux ; les diverses réactions qui produisent de la lumière n'ont d'ailleurs aucun rapport chimique les unes avec les autres et la classification des réactions en lumineuses et non lumineuses ne présenterait aucun intérêt en dehors du point de vue très spécial de la luminosité.

La découverte récente des rayons N a fait penser que l'on avait trouvé précisément cette manifestation physique caractéristique de *l'état de vie*, et permettant, par une observation rapide au moyen d'un instrument qu'on pourrait appeler le *bioscope*, de séparer immédiatement les corps en vivants et non vivants, comme on les sépare en lumineux et obscurs. Malheureusement, cette prétendue caractéristique physique de l'état de vie, on l'a découverte en même temps dans des corps bruts soumis à certaines actions mécaniques, et nous devons nous résigner, pour le moment, à ne pas savoir s'il existe, dans les phénomènes vitaux, un *mode de mouvement* particulier ; l'activité vitale, nous ne pouvons la reconnaître, chez un être quelconque, que par une observation d'une durée relativement longue, très longue du moins par rapport à celle qui nous permet de distinguer un corps lumineux d'un corps obscur ; en d'autres termes, nous ne pouvons pas saisir le phénomène vital *dans sa forme présente*, nous ne le reconnaissons qu'à l'accumulation de ses résultats pendant un laps de temps assez long ; en revanche, cette accumulation de résultats nous permet d'appliquer à tous les êtres vivants une formule unique et qui ne s'applique qu'à eux ; mais nous n'avons, dans l'état actuel de la science, aucun droit d'affirmer que les résultats résumés dans cette formule unique, proviennent, chez les diverses espèces vivantes, d'activités ayant entre elles une ressemblance physique quelconque, quoique la chose soit bien vraisemblable à cause de l'analogie des états protoplasmiques. Au contraire, dans les réactions lumineuses, les résultats d'ensemble ne sont pas comparables tandis qu'il y a un côté commun dans la forme présente de ces réactions, de production de radiations lumineuses. La formule qui s'applique à toutes les activités vitales et à elles seules est d'ordre chimique ; c'est l'*hérédité*.

On est amené à cette même conclusion à quelque point de vue que l'on se place pour caractériser la vie par rapport aux autres phénomènes de la nature. Le point de vue purement physique étant écarté, provisoirement du moins, comme nous venons de le voir, on peut se placer au point de vue énergétique, au point de vue morphologique, ou au point de vue chimique.

§ 3. Le point de vue énergétique.

Il est à peu près certain que ce qui a d'abord frappé les observateurs, ce qui leur a semblé établir, entre les animaux et les corps bruts, une ligne infranchissable de démarcation, c'est l'apparente spontanéité des actes des premiers, leur aptitude à créer du mouvement.

C'est pour cela que les végétaux ont primitivement été séparés des animaux et qu'on a établi trois règnes dans la nature. C'est pour cela aussi que l'on a énoncé, pour les corps bruts, en les opposant implicitement aux animaux, la loi de l'*Inertie* sous cette forme imagée : Un corps ne peut changer *par lui-même* son état de repos ou de mouvement.

Pour la plupart des anciens philosophes et naturalistes, il y avait, dans l'animal, un principe d'action qui mettait en branle les divers rouages de son mécanisme ; aujourd'hui il est impossible de trouver un sens à cette affirmation « qu'un principe immatériel produit, dans un système matériel, un travail effectif », et les amis de la vieille croyance dualistique se sont rabattus sur celle des formules qui, dans l'état actuel de la science, s'éloigne le moins de l'ancienne conception vitaliste ; ils ont voulu trouver dans la *vie* une *forme* particulière de l'Énergie, et grâce aux équivoques d'un langage qui a subi l'influence de la scholastique, cela n'est pas, à tout prendre, une trop mauvaise défaite.

Malheureusement, une *forme* de l'Énergie[1] se caractérise uniquement par des phénomènes physiques, moléculaires ou macroscopiques, et nous devons nous résigner, nous venons de le voir, à avouer que nous ne connaissons pas encore ces manifestations physiques caractéristiques de la vie et communes à tous les êtres vivants. Le rôle de l'Énergétiste qui s'occupe de biologie doit donc se borner pour le moment à vérifier, dans l'activité vitale, le principe de la conservation de l'Énergie Mais les résultats de son observation seront très différents, suivant l'être qu'il aura choisi pour sujet.

Le modèle auquel on pense le plus immédiatement, quand on parle d'un être vivant, c'est l'homme ou l'animal *adulte*, et c'est là certainement le plus mauvais choix qu'on puisse faire quand on veut chercher une particularité commune à tous les êtres vivants. Au point de vue énergétique, un homme adulte est *à peu près* comparable

---

1. Cette question des formes de l'énergie m'a paru trop spéciale pour être traitée ici avec développement; j'ai donc renvoyé à l'appendice qui termine le volume leur étude plus complète.

à une machine quelconque ; après un certain temps de fonctionnement, il se retrouve à peu près semblable à lui-même, et l'on peut établir par conséquent une équivalence suffisamment exacte entre la quantité d'énergie qui lui a été fournie et celle qu'il a rendue à l'extérieur sous diverses formes.

Cela est vrai de n'importe quelle machine ; la seule chose qui soit particulière dans l'homme c'est donc la forme même de son fonctionnement, mais cette forme dépend de sa structure et est différente chez le chien, le lézard, le requin, etc. Il y a bien entre ces diverses machines animales certains rapports assez étroits, tenant, par exemple, à l'existence de systèmes nerveux analogues, mais ces rapports deviennent beaucoup plus vagues si l'on passe aux invertébrés; toute analogie disparaît quand on arrive aux végétaux; nous sommes ramenés à la constatation de notre impuissance relativement à la découverte d'un phénomène *physique* commun à tout ce qui vit.

Si, au lieu de prendre, dès le début, cet exemple trop spécial d'un homme ou d'un animal *adulte*, nous appliquons le principe de la conservation de l'énergie à un être quelconque *non adulte*, nous constatons au contraire qu'une partie plus ou moins grande de l'énergie fournie à l'individu pendant un temps assez long n'est pas restituée à l'extérieur, mais se trouve employée à des modifications considérables de l'individu lui-même; il y a localisation, emmagasinage d'une certaine quantité d'énergie à l'intérieur de l'individu et cette localisation d'énergie se fait d'une manière très particulière que l'on ne retrouve jamais dans les machines formées de substances brutes.

Si c'est, par exemple, un jeune enfant que l'on a observé, on retrouve, au bout d'un temps assez long, un enfant *beaucoup plus grand* et *différent*: une partie de l'énergie fournie sous forme alimentaire à l'individu étudié a été localisée en lui *sous forme de substance d'enfant*; cette énergie pourra d'ailleurs être retrouvée si, par exemple, on tue l'enfant en lui écrasant le nœud vital et si l'on emploie les substances qui le constituent à des réactions chimiques. Si, au lieu d'un enfant, on a observé une cellule de levure à laquelle on fournit du moût de bière, une partie de l'énergie du moût sera restituée sous forme de bière, mais une autre partie sera localisée dans un nombre croissant de cellules de levure; il y aura eu fabrication de substances chimiques définies; le point de vue énergétique nous a amenés à nous placer au point de vue chimique ; cela se produira toutes les fois que nous étudierons des êtres qui ne sont pas adultes ; or, l'état adulte est un état exceptionnel, et nous verrons précisément que nous appelons les individus adultes quand se produisent en eux des phénomènes antagonistes masquant le phénomène de synthèse chimique que nous venons d'observer, et que nous étudierons tout à l'heure.

Le cas de l'enfant remplacé au bout de quelque temps par un autre enfant, *différent*, mais néanmoins *analogue* comme structure, nous amène maintenant à nous placer au second point de vue qui est celui de la considération des structures, le point de vue morphologique.

§ 4. Le point de vue morphologique.

Malgré l'unité du mot *vie* appliqué à tous les êtres vivants (probablement à cause de la croyance à un principe vital créateur de mouvement), il est bien certain que ce qui frappe le plus quand on observe le monde animal ou le monde végétal, c'est, non pas l'unité, mais au contraire l'extrême variété des types. Entre un chien, un ver de terre, un oursin et un poirier, il semble bien difficile d'établir une comparaison quelconque ; aussi beaucoup de naturalistes bornent-ils leur ambition à la description minutieuse des formes et à leur classification dans des catalogues d'un emploi commode ; pour ceux-là, la morphologie est tout.

Et cependant, avant même que la théorie transformiste eût conduit les savants à l'établissement d'arbres généalogiques indiquant une *parenté* entre des formes différentes, on s'était préoccupé de trouver dans les types si variés de la nature vivante une unité de plan de composition qui justifiât à un certain degré leur appellation commune d'êtres vivants.

Cette unité de plan se manifestait dans l'unité du langage descriptif appliqué aux diverses monographies. Mais, si l'on y regarde de près, on constate aisément que des rapprochements considérés comme morphologiques n'avaient, en réalité, de raison d'être que dans le rôle physiologique commun des parties comparées ; la preuve en est dans ce fait que, lorsque les parties dont il s'agit n'ont pas de fonction nettement définie, les considérations établies à leur sujet n'ont aucune consistance. Je n'en veux pour exemple que le fantastique mémoire de Von Baer qui, pour renverser l'échafaudage sur lequel on avait essayé d'étayer la parenté des ascidies avec les vertébrés, s'est perdu en considérations vraiment amusantes sur la question de savoir ce qu'il faut, en bonne logique, appeler le *dos* d'une huître, d'un oursin, d'une anémone de mer, ou de tout autre animal dépourvu de colonne vertébrale.

Ce problème me fait penser à celui d'un bibliophile qui, ayant une connaissance parfaitement nette de ce qu'on appelle le dos d'un livre au xxe siècle, se demanderait ce qu'il faut appeler le dos des volumes que fabriquaient les anciens au moyen d'une feuille enroulée.

Il n'en est plus de même quand il s'agit de parties ayant une fonction physiologique précise ; ainsi, on a pu, chez tous les animaux, observer les cinq grandes fonctions suivantes : digestion, respiration, circulation, sécrétion, reproduction, et l'on sait par conséquent ce que l'on dit lorsqu'on parle des appareils digestif, respiratoire, circulatoire, excréteur et reproducteur ; il est vrai qu'entre ces appareils considérés chez le tænia et les mêmes appareils considérés chez le veau, on ne peut établir d'autre ressemblance que celle qui est précisément contenue dans leur appellation commune; au contraire, la comparaison de ces divers appareils dans ces deux types prouverait à tout esprit non prévenu l'absence totale d'unité de plan morphologique et démontrerait que ce qu'il y a de commun à tous les êtres vivants est, non morphologique, mais au contraire fonctionnel, c'est-à-dire physiologique ou, en réalité, chimique.

Les quatre fonctions : digestion, respiration, circulation, excrétion, d'une part, la fonction de reproduction, d'autre part, peuvent précisément servir à des définitions chimiques de la vie, définitions qui, cette fois, sont véritablement communes à tous les animaux et tous les végétaux; ainsi, même les comparaisons qui veulent être morphologiques nous ramènent malgré nous à nous placer au point de vue chimique.

Une autre considération, résultant d'une observation vulgaire, nous amène à établir entre le point de vue morphologique et le point de vue chimique une relation extrêmement étroite; nos sens de détermination chimique (je veux dire le goût et l'odorat principalement), nous ont permis de savoir qu'un être vivant, doué de telle forme spécifique, est composé de telle substance chimique; en voyant un chou, nous prévoyons le goût de chou et l'odeur de chou. C'est, je le répète, l'un des points les plus importants de la biologie, que ce rapport de la forme spécifique à la composition chimique de l'être.

La morphologie de l'ensemble du corps n'ayant pas permis de donner une raison à l'unité d'appellation des êtres vivants, on a cherché dans la morphologie de détail, et la théorie cellulaire a fourni des résultats inespérés ; tout être vivant est une cellule ou un assemblage de cellules ; voilà une définition d'ensemble ; reste à savoir ce qu'on entend par cellule et si ce terme a une valeur morphologique bien précise.

Il est certain que, lorsqu'on observe au microscope une bonne préparation d'une coupe de tissu animal ou végétal, on ne peut manquer d'être frappé de ce caractère de structure qui se manifeste par la juxtaposition d'un grand nombre de petites masses, de petits îlots séparés les uns des autres et présentant, à tout prendre, des caractères incontestables de similitude. Cependant, malgré l'intérêt très grand de cette identité de structure, on ne peut s'empêcher de remarquer qu'elle se découvre chez des animaux qui sont morts et que, par conséquent, quoique ayant un rapport certain avec la vie, elle ne suffit pas à la caractériser[1].

1. Des observateurs sérieux ont décrit une structure cellulaire analogue chez des substances brutes et en ont conclu que la vie est universelle, ou encore qu'il y a toutes sortes de transitions entre les corps vivants et les corps bruts. Il eût été plus logique de tirer de cette constatation l'impossibilité de définir la vie par la structure cellulaire ; il y a certainement une différence entre les corps vivants et les corps bruts, puisque nous savons reconnaître les êtres vivants ; cette différence c'est l'hérédité.

De plus, si l'on étudie, au point de vue purement morphologique, les cellules qui vivent isolément, on arrive difficilement à en donner une définition commune vraiment précise. Il faut, pour leur découvrir un caractère tout à fait commun, se rabattre sur le côté fonctionnel ou chimique ; et ce côté fonctionnel ou chimique suffit d'ailleurs à expliquer les particularités morphologiques de la structure cellulaire.

Ce qu'il y a de plus important, à mon avis, dans ce côté morphologique de la question, c'est la généralité de l'*état protoplasmique* dans lequel se trouvent toujours les substances vivantes quand elles sont en train de vivre. Peut-être trouvera-t-on dans l'étude approfondie de cet état protoplasmique quelque chose qui mettra sur la voie de la nature intime des réactions chimiques de la vie ; quoi qu'il en soit, dans l'état actuel de la science, ce qui reste la dominante des phénomènes biologiques, ce sont les résultats des réactions chimiques elles-mêmes ; c'est de ces résultats qu'il faut partir lorsqu'on veut embrasser d'un seul coup d'œil l'étude de toutes les formes de la vie ; c'est ce que nous allons faire maintenant.

CHAPITRE II

LE POINT DE VUE CHIMIQUE

§ 5. Hérédité et assimilation.

Les différences chimiques qui séparent les diverses espèces vivantes sont de toute évidence ; entre de la substance de porc, de la substance de sardine, de la substance de navet et de la substance de truffe, l'observateur le moins exercé ne saurait faire de confusion ; notre sens du goût suffit à déceler ces différences spécifiques ; au contraire, les différences entre individus de même espèce sont assez peu tranchées au point de vue chimique, et il faut pour les mettre en évidence une analyse quantitative extrêmement précise ; nous pouvons donc, dans une première approximation, parler de substance d'homme, de substance de chien, de substance de chou, malgré les différences individuelles qui existent entre les divers hommes, les divers chiens et les divers choux, et aussi malgré les divers aspects sous lesquels se présentent, dans un même individu formé de nombreux tissus, la substance d'homme, la substance de chien, la substance de chou.

Observons un jeune chien pendant un mois ; il consomme pendant ce temps une certaine quantité d'aliments (oxygène, eau, lait, etc.); il rend à l'extérieur une certaine quantité d'excréments (acide carbonique, urine, fèces, etc.) ; d'autre part, il *grandit*, c'est-à-dire qu'il fabrique une certaine quantité de substance de chien.

De même que nous avons précédemment, au point de vue énergétique, établi l'égalité entre l'énergie fournie à l'animal et la somme des deux quantités représentant, d'une part l'énergie restituée à l'extérieur, d'autre part l'énergie localisée sous forme de substance de chien; de même, au point de vue chimique de la conservation de la matière, nous devons retrouver, soit dans les excréments de l'animal, soit dans la masse dont s'est accru son corps, tous les éléments constitutifs des aliments consommés. Il y a eu, dans le chien, *fabrication de substance de chien*, aux dépens d'une partie des matières alimentaires fournies, dont le reste se retrouve sous forme d'excréments. Voilà le résultat qui caractérise la vie dans tous les cas ; une certaine quantité de substance vivante, répartie sous forme d'un individu vivant, fabrique, par ses réactions complexes, avec des matériaux différents (matières alimentaires), une quantité nouvelle de substance *de même espèce*.

Cette quantité nouvelle de substance ainsi fabriquée a donc *hérité* des propriétés spécifiques de la substance préexistante qui a contribué à sa fabrication ; c'est là le premier point de *l'hérédité* envisagée au point de vue chimique, l'*hérédité chimique spécifique*.

On n'a pas l'habitude de parler d'hérédité quand on raconte le phénomène de la croissance d'un animal, mais il est facile de voir que, au point de vue purement chimique, il n'y a aucune différence entre la fabrication de substance vivante spécifique à l'intérieur des tissus mêmes d'un animal et la fabrication de substance vivante spécifique dans des conditions où la quantité nouvelle de substance produite se partage entre un nombre plus ou moins grand d'individus analogues au premier ; on réserve ordinairement le nom d'*hérédité* au cas de a multiplication des individus et on appelle *assimilation* la fabrication de substance spécifique dont résulte l'accroissement d'un individu donné ; mais, si l'on ne se préoccupe pas du morcellement, les deux phénomènes sont identiques.

Voilà donc un premier résultat : l'activité vitale se traduit par la fabrication de substances spécifiques ; l'hérédité spécifique est caractéristique de la vie.

Si l'on se bornait à l'étude d'êtres aussi compliqués que le chien ou l'homme, il serait difficile d'ajouter à la précision de cette première formule, car nous ne sommes guère en mesure de déceler les différences chimiques qui séparent les divers hommes et les divers chiens ; on y arrive au contraire très facilement si l'on veut bien porter son attention sur des organismes élémentaires dont les propriétés chimiques individuelles ont des manifestations particulièrement frappantes, comme cela a lieu, par exemple, chez certains microbes dont les caractères personnels se traduisent par une *virulence* plus ou moins grande pour un animal supérieur.

Dans le cas des microbes, ce n'est plus l'accroissement du corps que l'on observe, mais la multiplication résultant d'un morcellement qui accompagne l'assimilation. Or, l'observation attentive de l'un de ces microbes prouve que la multiplication dont il est l'objet dans un milieu convenablement choisi produit, non seulement des microbes de même espèce, mais encore des microbes ayant les mêmes propriétés *individuelles* que le premier.

La culture d'un microbe virulent dans un bouillon produit des microbes virulents ; celle d'un microbe atténué produit des microbes atténués ; il n'y a pas seulement *hérédité chimique spécifique*, il y a aussi *hérédité chimique individuelle*.

Ce fait de première importance se vérifie dans tous les cas où l'un des caractères chimiques individuels est facile à mettre en évidence ; mais il faut faire immédiatement des réserves sur le degré de précision dont est susceptible cette vérification ; la loi d'hérédité n'est qu'une *loi approchée* et c'est pour cela qu'il y a des variations dans la nature vivante. Voyons immédiatement ce qu'il faut entendre par « loi approchée ».

§ 6. Qu'est-ce qu'une loi approchée?

Quand on laisse tomber une pierre dans un puits, on sait établir une relation mathématique entre la durée de la chute et la profondeur du puits. Tout le monde connaît, en effet, la loi de la chute des corps ; mais cette loi n'est vraie que dans le vide ; dans le puits, il y a de l'air, et le frottement de l'air contre la pierre ralentit sa chute ; la loi simple connue n'est donc ici qu'une loi approchée ; seulement on est arrivé à connaître d'autre part la loi de ralentissement par le frottement et l'on s'en sert pour *corriger* l'erreur qui résulte de l'application de la première loi.

Ainsi l'homme a trouvé commode de décomposer en deux parties distinctes un phénomène parfaitement unique, la chute du corps dans l'air ; grâce à cette décomposition, il applique deux lois relativement simples et très générales à l'étude d'un mouvement dont il serait beaucoup plus difficile de donner une formule unique ayant quelque généralité. Les lois naturelles sont les formules humaines dans lesquelles nous décomposons la description de l'activité du monde connu de nous[1].

Dans le cas précédent nous savons corriger avec précision la loi approchée de la chute des corps ; il n'en est pas de même de la loi de Mariotte qui reste le modèle des lois approchées ; en effet, nous ne savons pas calculer à part les corrections qui, ajoutées dans chaque cas aux nombres fournis par la loi de Mariotte, transformeraient ces nombres en ceux qui sont fournis par l'expérience ; c'est grâce à une expérimentation peu précise que l'on

---

1. V. *Les Lois naturelles, op. cit.*, chap. xxvii.

a découvert cette loi approchée dont l'usage est si commode dans certains cas.

§ 7. La destruction chimique.

Il est facile de comprendre que la loi d'hérédité ne soit qu'une loi approchée.

Une réaction chimique, quelle qu'elle soit, dépend toujours des réactifs qui sont en présence; si une modification se produit dans la nature de ces réactifs, il faut s'attendre à une modification correspondante dans la nature de la réaction; il n'y a aucune raison *a priori* pour qu'il en soit autrement dans le cas où l'un des corps de la réaction est un corps vivant; un corps vivant réagit de diverses manières avec divers réactifs, et, en effet, s'il y a des cas où le résultat de sa réaction est l'accroissement de sa substance, il y en a aussi où, au contraire, cette substance se détruit, se transforme en des substances différentes qui ne sont plus vivantes, qui ont perdu, en d'autres termes, la faculté de réagir suivant la loi d'hérédité ou d'assimilation.

Lors donc que nous observons un corps vivant dans la nature, il faudrait admettre qu'un hasard bien grand a accumulé autour de lui uniquement les matériaux en présence desquels il est l'objet de réactions d'assimilation, sans aucune réaction destructive. Cela se produit sans doute dans quelques expériences de laboratoire; par exemple, il semble bien que la moisissure *Aspergillus niger* trouve, dans le liquide découvert par Raulin, des conditions où il assimile sans se détruire, mais il est vraisemblable que, dans la nature, des cas analogues sont tout à fait exceptionnels.

Au contraire, il est bien certain que les cas de destruction et de mort sont bien plus fréquents que les cas d'assimilation ou de vie ; et lorsque les réactions destructives l'emportent sur les réactions assimilatrices, les corps vivants cessent d'être vivants, leur étude ne présente plus aucun intérêt biologique. Nous devons donc étudier plus particulièrement les phénomènes qui se produisent quand les réactions assimilatrices l'emportent sur les réactions destructives ou au moins les contrebalancent de manière à assurer la survie des corps considérés, mais nous n'oublierons pas que, vraisemblablement, dans la plupart des cas observés, il y a toujours des réactions destructives plus ou moins importantes à côté des réactions constructives et assimilatrices.

Quoi qu'il soit généralement fort difficile, sinon impossible de réaliser des réactions assimilatrices absolument pures de réactions destructives, nous pouvons toujours, suivant la règle des lois approchées, parler du phénomène d'assimilation comme s'il se produisait seul, quitte à le corriger par des phénomènes concomitants de destruction, de manière à obtenir une description parfaite de ce qui se passe dans la nature.

Pour fixer les idées sans faire aucune hypothèse, j'ai proposé d'appeler *condition n° 1* un ensemble de circonstances dans lequel se produit, pour un corps vivant donné, une assimilation pure de toute destruction, et *condition n° 2* un ensemble de circonstances (évidemment réalisable d'une infinité de manières) dans lequel se produisent des réactions destructives du corps considéré.

Par définition, toutes les fois qu'il y a propagation de la vie, la *condition n° 1* l'emporte sur la *condition n° 2*, et c'est là le seul cas qui intéresse le biologiste, mais, de quelle manière se traduit, quant aux propriétés des individus vivants, cette superposition de réactions constructives et de réactions destructives? C'est ce que nous devons rechercher en commençant.

§ 8. La variation chimique.

On pourrait supposer sans invraisemblance, étant donnée notre ignorance actuelle de la structure chimique des corps vivants, que les *destructions* diminuent seulement la quantité des substances résultant de l'assimilation sans altérer leurs propriétés; alors, il n'y aurait pas *variation* au sens propre; les corps vivants actuels ne pourraient être qu'*identiques* aux corps vivants des époques géologiques, et l'occurence de certaines destructions au cours des âges, aurait eu pour unique résultat de s'opposer à l'accroissement trop rapide de la masse des corps vivants; en d'autres termes il n'y aurait pas eu évolution chimique des substances vivantes.

Une observation très élémentaire et faite sur les êtres les plus simples, les bactéries, prouve que tel n'est pas le cas; une bactérie soumise à des réactions destructives *change de propriétés :* nous n'avons pas à nous demander pourquoi; cette observation doit être au contraire un point de départ pour l'étude des phénomènes biologiques; j'ai montré ailleurs [1] qu'une hypothèse fort simple permet de concevoir le mécanisme de cette variation; il suffit de considérer la substance bactérienne, non comme une substance unique chimiquement définie, mais comme un mélange de substances distinctes dont chacune se détruit pour son compte, mélange dont les propriétés varient en même temps que les proportions.

Sans faire aucune hypothèse, contentons-nous de constater ce fait : les propriétés de la bactérie soumise à certaines influences *varient*. Du moment que l'une quelconque de ces influences est en jeu, l'hérédité, l'assimilation ne sont donc plus que des lois approchées; pour constater l'existence de ces lois il faut se placer dans des cas où il n'intervient pas de causes destructives (ou du moins, où il en intervient seulement une très faible proportion).

§ 9. La variation transmise.

Sans quitter le point de vue purement chimique et toujours sans faire aucune hypothèse, nous arrivons immédiatement à cette remarque éton-

1. *Traité de biologie* Paris, Alcan, 1903.

nante et qui nous donne certainement, au sujet de la substance vivante, la notion la plus féconde : supposons supprimée *à un moment quelconque* toute cause destructive, dans une lignée à laquelle nous fournissons les éléments de l'assimilation, il se construit de la substance *identique* à ce qu'était, au moment considéré, la substance de la lignée ; autrement dit, tant que n'intervient pas une nouvelle cause destructive, *la substance vivante se multiplie avec toutes les propriétés qu'elle a ACQUISES au cours des variations précédentes ;* le phénomène de l'assimilation devient encore plus merveilleux de ce fait que, au lieu d'être limité à un certain nombre de substances une fois choisies, il peut se manifester dans l'une quelconque des modifications en nombre infini qui résultent de destructions partielles extrêmement variées de ces substances.

Voici, par exemple, une bactéridie charbonneuse ; je la soumets à des réactions destructives qui en font une bactéridie atténuée, puis je la transporte dans un bouillon de culture et *elle se multiplie sous cette forme atténuée !*

Considérons une lignée vivante qui dure depuis l'origine ; cette lignée présente une série ininterrompue de réactions assimilatrices ; mais, à chaque instant de son histoire, l'assimilation est relative à l'état *momentané* de la substance considérée, et, par conséquent, si l'histoire généalogique du corps considéré présente une série de variations très nombreuses, elle présente aussi une série d'*autant* de phénomènes d'assimilation dont chacun correspond à l'une des variations et la conserve jusqu'à la variation suivante. Cela tient du merveilleux étant donnée la *précision* absolue qu'entraîne la définition même de l'assimilation.

Il est vrai que, s'il en avait été autrement, nous n'aurions pas constaté aujourd'hui l'assimilation chez un seul des êtres actuellement vivants et qui dérivent tous d'êtres différents ; nous constatons, au moment présent, une assimilation relative à l'état présent de chaque corps vivant. Et puisque nous avons été amenés à définir la vie par l'assimilation, les remarques précédentes se ramènent à cette constatation qui semble renfermer deux propositions contradictoires : « Les corps *vivants* peuvent *varier* sans *mourir.* » Du moment qu'ils sont restés vivants, ils sont susceptibles d'*assimilation* dans leur état nouveau, c'est-à-dire que la variation *acquise* est transmise à la progéniture chimique du corps considéré, toujours sous réserve d'une nouvelle variation qui sera également acquise pour les assimilations ultérieures, et ainsi de suite. Si donc l'on veut une précision absolue on ne peut parler de l'*assimilation* que pendant un intervalle de temps très court, suivant les habitudes du calcul différentiel.

Mais si cela est, comment se fait-il que l'observation du monde vivant, pendant une période assez longue pour nous, observateurs, nous permette toujours de conclure à la loi d'assimilation ou d'hérédité? C'est que, le plus souvent, cette loi d'assimilation ou d'hérédité est *très approchée*, que, en d'autres termes, la variation possible au cours des assimilations successives est très limitée *sous peine de mort*.

Cette restriction, *sous peine de mort*, domine toute la biologie ; une fois qu'un corps a perdu la propriété d'assimilation, il ne nous intéresse plus ; nous n'avons à envisager dans notre étude que des corps qui font partie d'une lignée et non ceux qui la terminent à tout jamais. Et quand nous observons un corps qui vit aujourd'hui, nous pouvons affirmer qu'il fait partie d'une lignée que l'on peut remonter sans interruption jusqu'à son premier ancêtre ; en d'autres termes, que, parmi toutes les variations qui se sont manifestées dans cette lignée ascendante, *aucune n'a entrainé la mort*.

Cette remarque paraît banale et contient cependant tout le principe de Darwin, exprimé sous une autre forme. Si l'on appelle *hasard* l'ensemble des circonstances qui se réalisent à chaque instant en chaque point du monde, tous les êtres actuellement vivants sont le produit du hasard qui a occasionné toutes les variations passées ; mais, le hasard étant quelque chose d'essentiellement indéterminé, on doit penser que toutes les possibilités peuvent se rencontrer parmi les êtres actuellement vivants qui sont fils du hasard ; et par conséquent, quoique les formes et les propriétés de ces êtres soient en effet extrêmement nombreuses (on ne connaît pas encore le nombre formidable des espèces actuelles et il n'y a peut-être pas deux individus identiques dans chacune d'elles) on peut s'étonner qu'elles ne le soient pas davantage, étant donné le temps pendant lequel le hasard s'est exercé sur leurs ascendants ; on peut s'étonner aussi, si l'on reconnaît dans le hasard l'unique ouvrier de la fabrication de ces espèces, que chacune d'elles présente des propriétés si merveilleuses, une précision de mécanisme si admirable.

Cet étonnement cesse si l'on se reporte aux considérations précédentes sur la *continuité* des lignées ; à chaque instant de l'histoire du monde, c'est bien le hasard seul qui détermine les variations dans toute la substance vivante d'un modèle actuel donné, et il se produit en effet des variations *absolument quelconques* ; mais la plupart de ces variations absolument quelconques causent la mort des quantités de substances qui en sont l'objet. Si toute la substance meurt, la lignée est finie, *nous n'avons plus à nous en occuper*. Si, parmi ces variations absolument quelconques, il en est quelques unes qui n'entraînent pas la mort, la lignée se continue dans les résultats de ces variations, et il devient évident alors que ce n'est pas le hasard pur et simple qui peut être invoqué pour les expliquer, puisque les facteurs quelconques du hasard sont précisés, dans ce cas particulier, par la clause restrictive « sous peine de mort ».

Darwin a donné le nom de *sélection naturelle* à ce choix que nous devons faire, à chaque instant de l'histoire du monde, de ceux des facteurs du hasard qui n'entraînent pas la mort de la substance vivante de la lignée étudiée au moment considéré. Et puisque, pour chacun des corps actuellement vivants, il est certain que la lignée a été ininterrompue, nous pouvons, dans un langage imagé, dire que la *sélection naturelle* a guidé la variation de manière à produire tous les êtres actuellement vivants; cette sélection naturelle joue ainsi, dans une narration historique des faits passés, le rôle d'une *providence* qui, dans le but d'obtenir les êtres avec leurs formes actuelles, aurait dirigé intentionnellement les variations de leurs ancêtres.

En résumé, un être vivant aujourd'hui fait partie d'une élite et descend d'êtres qui ont fait partie d'une élite à chaque moment de l'histoire du monde.

Étant donnés tous les hasards de destruction à chaque instant, on peut s'étonner que les phénomènes destructifs ne l'emportent pas bientôt sur les phénomènes constructifs qui doivent être beaucoup plus rares à cause de la précision des conditions qu'ils exigent, mais le phénomène d'assimilation a précisément pour résultat de multiplier très vite les substances qui ont été l'objet de variations heureuses, de sorte que, à chaque instant, se réparent et au delà les pertes causées par la destruction.

En prenant les choses à un point de vue un peu différent, on peut dire avec Malthus qu'il naît à chaque instant bien plus d'êtres qu'il n'en peut vivre; et comme tous les êtres, vivant conjointement, contribuent pour leur part à la détermination de cet ensemble de circonstances que nous avons appelé le hasard, on peut dire encore, d'une façon imagée, avec Darwin, qu'il y a *concurrence vitale* ou *lutte pour l'existence* entre les êtres vivant à chaque instant ; on peut dire aussi que ceux qui ont survécu l'ont emporté sur ceux qui sont morts et c'est là la formule préconisée par H. Spencer, *la persistance du plus apte*.

Au fond, toutes ces formules suggestives et imagées n'ont d'autre but que d'illustrer, dans quelques unes de ses conséquences les plus frappantes, la clause restrictive « sous peine de mort » et la continuité des lignées qui ont conduit aux êtres actuellement vivants.

§ 10. La variation est lente.

La loi d'hérédité est, avons nous dit, une loi *très approchée* ; dans la plupart des cas on constate en effet une suite de phénomènes d'assimilation entraînant une multiplication considérable des corps vivants sans variation sensible ; la clause restrictive « sous peine de mort » limite à des barrières très étroites les modifications possibles dans un corps en voie de multiplication. C'est pour le besoin de la cause, pour établir les influences ancestrales, que nous avons dû mêler aux faits actuels d'assimilation les faits beaucoup moins sensibles de variation

Nous avons employé là un artifice analogue à celui des physiciens qui veulent représenter un phénomène par une courbe, alors qu'une quantité varie très lentement en fonction d'une autre; ils choisissent pour mesurer ces quantités des unités d'ordres de grandeur très différents; de même, les géographes, pour donner une idée du relief d'un grand pays, comptent les hauteurs en mètres et les distances horizontales en kilomètres. S'il était possible de représenter par un point[1] dans l'espace l'état d'une lignée à chaque instant, il faudrait, pour que la courbe tracée par les points qui en représentent les états[2] successifs en fonction du temps fût sensiblement sinueuse, prendre une unité de temps extrêmement considérable et représenter des siècles par des millimètres; la substance humaine, par exemple, ne semble pas avoir énormément changé depuis l'époque où les Chaldéens faisaient de l'astronomie, parce que, dans l'espèce humaine, la clause restrictive « sous peine de mort » diminue énormément les possibilités de variation.

Il n'en est pas de même pour certaines espèces vivantes plus simples, la bactéridie charbonneuse, par exemple, qui est susceptible de variations très

---

1. Cela est sûrement impossible à cause de la complexité des substances vivantes: il faut donc ne voir qu'un symbole commode dans tout ce qui suit.

2. Les états, bien entendu, indépendamment des quantités de substance. Supposons, par exemple, que pour la substance figurée en A, dans le plan XoY, la condition de vie soit représentée par la nécessité d'être compris à l'intérieur du cylindre αβγδ, parallèle à l'axe des temps oT. La ligne sinueuse de la figure conduira à deux états vivants B et C, et à un grand nombre d'états morts m, dont nous n'avons pas à tenir compte. Le tube αβγδ

notables en très peu de temps; en quelques jours, il est possible de fabriquer, avec une bactéridie de virulence donnée, des bactéridies de virulence toute différente ; la virulence est une propriété de laquelle nous possédons des réactifs très sensibles, et c'est là une raison, pour nous, de pouvoir observer chez les microbes des variations rapides ; mais ce n'est pas la seule, ainsi que nous allons le voir au chapitre suivant.

figurera donc la sélection naturelle; il réalisera la *canalisation du hasard*. Remarquons immédiatement que, dans la figure ci-contre, cette canalisation faite par un *cylindre* parallèle à l'axe de temps oT correspond à des conditions de vie *constantes* pour la lignée considérée ; tout changement de condition à un moment donné se traduira par un changement de cylindre; en général la canalisation du hasard sera représentée par une surface de forme quelconque se composant d'éléments cylindriques très courts, de génératrices parallèles à l'axe oT. Cette question de la *canalisation du hasard* étant extrêmement importante, je l'expose dans un langage moins algébrique au début du second livre.

CHAPITRE III

LE POINT DE VUE MÉCANISME

§ 11. Le mécanisme individuel.

Pour parler de la continuité de la vie avec une généralité suffisante, nous nous sommes placés au point de vue purement chimique, et cela était indispensable, puisque la seule particularité qui nous ait semblé caractéristique de tous les êtres vivants est d'ordre chimique ; et, en réalité, si nous nous en tenions à la considération des êtres unicellulaires, nous n'aurions pas besoin de nous placer à un autre point de vue ; la substance vivante qui est visqueuse crée, autour d'elle-même, en réagissant dans un milieu liquide, un mouvement d'échanges nutritifs et excrémentitiels dont un résultat est de donner une forme et des dimensions limitées aux masses actives de cette substance [1], de sorte que quand on parle d'une masse déterminée de substance bactéridienne, par exemple, il s'agit, non d'une masse continue de matière, mais d'un certain nombre de petites masses isolées ; cela n'a pas d'importance, car, si j'ose m'exprimer ainsi, la forme de ces masses isolées est uniquement une

---

1. V. *Traité de biologie, op. cit.*, chap. I, § 2.

conséquence des phénomènes d'assimilation et n'intervient guère activement dans la détermination de ces phénomènes.

Tout autre est le cas d'un animal supérieur comme l'homme ; là encore, la substance vivante crée, par son activité assimilatrice, des mouvements d'échanges qui donnent une forme aux masses actives de cette substance ; mais ces masses actives s'agglomèrent, suivant les conditions d'équilibre réalisées autour d'elles, en des masses considérables, des *mécanismes*, dont la structure intervient efficacement dans la détermination des phénomènes d'assimilation au niveau de tous les points de ce mécanisme. L'activité d'ensemble de ce mécanisme, ce qu'on appelle la *vie de l'individu* complexe ainsi formé, a, en effet, pour résultat de renouveler sans cesse le *milieu intérieur*[1] de l'agglomération, de manière que l'assimilation soit possible en chaque point de l'agglomération.

Une relation de cause à effet est donc établie entre la morphologie de l'individu et la chimie de sa substance constitutive, car si c'est la chimie de cette substance constitutive qui détermine la construction du mécanisme, c'est le fonctionnement du mécanisme qui entretient la chimie de la substance constitutive. Un défaut du mécanisme arrête le renouvellement du milieu intérieur et cause, par suite, la condition n° 2 pour tous ses éléments vivants.

Ici nous n'avons plus donc le droit de parler

1. V. *Traité de biologie, op. cit.*, chap. x, § 84.

uniquement de chimie. Pour la bactéridie charbonneuse, une variation n'entraînait pas la mort, pourvu qu'elle transformât la substance vivante en une autre substance capable d'assimilation ; pour la substance humaine, une condition plus précise intervient.

C'est, avons-nous dit, la chimie de la substance constitutive qui détermine la construction du mécanisme humain ; une variation dans cette chimie entraîne donc une modification dans la construction qui en dépend, de sorte que, même si cette variation a respecté la propriété d'assimilation, elle peut néanmoins entraîner la mort fatale, si le mécanisme résultant ne renouvelle pas convenablement son milieu intérieur. Quand cela se passe ainsi, on dit que le mécanisme n'est pas *viable*, quoique sa construction soit le produit de l'activité de substances vivantes.

Plus le mécanisme individuel est précis, plus doit être difficile à réaliser, sans issue fatale, une altération de ce mécanisme. Et il faut même croire que le hasard est un bien grand maître pour oser affirmer qu'une variation *fortuite* d'une substance vivante d'espèce supérieure peut ne pas entraîner la mort. Nous allons assister ici à une canalisation particulière du hasard ; ce sera le principe de Lamarck.

§ 12. Le principe de Lamarck.

Revenons à la bactéridie charbonneuse qui est toujours notre point de départ à cause de la simplicité de son cas. Des variations fortuites se produisent dans une culture de ces bactéridies sous l'influence de conditions réalisées aux divers points de la culture ; parmi ces variations, quelques-unes entraînent immédiatement la mort, nous ne nous en occupons pas ; les autres conservent la propriété d'assimilation, mais avec des différences ; il y a, par exemple, dans la culture, plusieurs variétés de virulences différentes et qui y prospèrent également parce que les conditions chimiques réalisées dans le bouillon sont aussi favorables aux unes qu'aux autres.

Introduisons maintenant cette culture dans le sang d'un mouton vivant ; nous changeons *le tube de canalisation du hasard* et, ici, nous savons comment nous le changeons, puisque, précisément, ce que nous appelons *virulence* (pour le mouton) est l'aptitude à prospérer dans le corps d'un mouton vivant. Toutes les variations qui ont eu pour résultat dans le bouillon d'atténuer la virulence vont donc se trouver en dehors du *tube* nouveau, et nous n'aurons plus à nous en occuper ; elles disparaîtront en tant que lignée.

Dans ce cas particulier, les conditions qui canalisent le hasard pour la bactéridie sont *extérieures* à la bactéridie.

Considérons au contraire, maintenant, une substance vivante constructrice de mécanismes ; la construction du mécanisme est sous la dépendance de la nature chimique de la substance qui la compose, et, d'autre part, la possibilité de survie pour la substance vivante est liée au bon fonctionnement du mécanisme qu'elle construit. Ce bon fonctionnement s'appelant précisément la *vie* du mécanisme individuel considéré, il en résulte que la *vie* de la substance vivante est sous la dépendance de la *vie* du mécanisme.

Il y a là un inconvénient de langage auquel j'ai proposé de remédier en appelant *vie élémentaire* la possibilité d'assimilation pour la substance vivante considérée en dehors de tout mécanisme, *vie élémentaire manifestée*, l'activité spéciale de cette substance, et *vie* le bon fonctionnement d'un mécanisme individuel, formé d'éléments doués de vie élémentaire. Mais cette nécessité d'une appellation nouvelle nous fait remarquer qu'une confusion était possible, et, en effet, il est facile de parler d'un individu doué de vie, à peu près dans les mêmes termes que d'une substance douée de vie élémentaire ; cet individu s'*accroît, meurt* ou *varie*, suivant les conditions, et nous pouvons, par conséquent, parler de la *canalisation du hasard* ou sélection naturelle, pour le mécanisme individuel, comme nous en parlions pour la substance vivante.

Cela nous permettra un langage plus synthétique et nous pourrons envisager les conditions extérieures dans lesquelles un mécanisme individuel reste vivant ; nous nous occuperons des variations introduites, par le jeu des circonstances ambiantes, dans un mécanisme individuel qui reste vivant, ce que Lamarck a appelé l'*action du milieu sur l'organisme*.

Or, si nous passons de la considération de l'organisme à celle de la substance qui le constitue, nous constatons que les conditions réalisées au niveau de la substance vivante *varieront avec les variations de l'organisme*, et, comme il y a un lien de cause à effet entre le mécanisme individuel et la chimie de la substance constitutive, nous concevrons que le *maintien de la vie* dans l'ensemble considéré ne s'obtienne qu'au prix d'une variation de la chimie substantielle canalisée par la variation de la morphologie[1] de l'individu.

Ainsi donc, les variations de la substance vivante d'un organisme *qui est vivant* ne sont plus dues au simple hasard, mais au hasard canalisé par la nécessité du maintien de la vie dans l'organisme ; si un état nouveau de cet organisme se maintient assez longtemps, il doit donc se produire, dans sa substance, des changements tels que la nouvelle composition chimique de cette substance corresponde à la structure caractéristique de cet état, et nous n'avons plus à nous étonner que la variation fortuite d'une substance vivante soit capable de déterminer un nouveau mécanisme *doué de vie*, puisque c'est justement la construction de ce nouveau mécanisme doué de vie qui, par répercussion, a canalisé le hasard dont est résultée la variation chimique qui y correspond[2].

1. Je dis ici en quelques mots ce que j'ai établi en détail dans un autre ouvrage. V. *Traité de biologie*, *op. cit.*, chap. vii, § 60.

2. Cela nous explique la lenteur des variations observées dans les espèces supérieures ; une variation fortuite brusque por-

C'est là ce que Lamarck a compris le premier ; quand un organisme continue de vivre dans de nouvelles conditions de milieu, il subit des modifications que l'on résume en disant qu'il s'est adapté au milieu ; ces modifications retentissent sur la substance constitutive de l'individu, de manière que cette substance soit, elle aussi, adaptée à un nouveau genre de vie dans un organisme nouveau, et il en résulte que la modification ainsi réalisée est *héréditaire*, le mot héréditaire étant pris ici dans un sens nouveau, et représentant, non plus la transmission des propriétés d'une substance à la substance qui en dérive par *assimilation*, mais la transmission des caractères d'un individu à l'individu qui en dérive par reproduction. L'étude des organismes *mécanismes* nous conduit en effet à une notion nouvelle, celle de la succession des *individus* dans une lignée.

§ 13. La succession des individus.

Dans les espèces animales que l'on appelle supérieures, il devient insuffisant de considérer la continuité des substances vivantes ; une quantité plus ou moins grande de la substance vivante spécifique

tant sur l'œuf aurait bien des chances de produire un embryon non viable, non adapté; d'autre part, une variation brusque dans un mécanisme adapté détruirait le mécanisme, causerait la mort. La lenteur est la règle des variations Lamarckiennes; Nous verrons plus tard le parti que veulent tirer les néo-Darwiniens de la considération des variations brusques.

se trouve un effet périodiquement agglomérée dans des masses distinctes, ayant une durée variable, et constituant des mécanismes adaptés au renouvellement de leur milieu intérieur dans les conditions ambiantes. Certains morceaux d'un tel mécanisme ou individu peuvent, détachés de lui et placés dans des conditions favorables, donner naissance à une nouvelle agglomération de même espèce ; c'est par ces *morceaux* spéciaux, appelés *éléments reproducteurs*, que s'effectue la continuation de la lignée à travers les individus successifs, mais l'étude des substances vivantes n'est plus séparable de celle des individus dont elles font partie, puisque c'est la survie des individus qui canalise les variations de la substance vivante constitutive.

Tout autre serait le cas d'un fleuve dont le cours se composerait de plusieurs lacs issus les uns des autres, car l'eau qui traverse ces lacs successifs ne subit, du fait de son passage dans ces lacs, aucune modification[1].

Au point de vue, où nous nous sommes placés jusqu'à présent, de la continuité des lignées, on doit considérer un individu non comme une lignée chimique, mais comme un faisceau de lignées qui s'épanouissent à partir de l'élément reproducteur et dont les unes ont une durée limitée à la vie de l'individu, les autres se continuant, au contraire, par les éléments reproducteurs, dans les individus de la génération suivante.

[1]. Il en serait de même pour les individus, si l'on admettait, avec les néo-Darwiniens, la théorie du *plasma germinatif*.

Tous les éléments de ces lignées épanouies depuis l'œuf se trouvent soumis à un sort commun pendant la durée de la vie de l'individu dont ils font partie et dont le fonctionnement total a pour résultat le renouvellement du milieu intérieur qui entretient la vie élémentaire manifestée de chacun d'eux; quelles que soient donc les divergences qui se manifestent entre les diverses lignées constituant l'individu, les variations qui se produisent dans chacune d'elles sont canalisées par la condition du maintien de la vie de l'individu considéré. La structure du mécanisme est à chaque instant la résultante des activités de ses éléments constitutifs ; tant que l'animal ne meurt pas, les variations de son mécanisme conservent à ce mécanisme la propriété de renouveler le milieu intérieur; ces variations n'ont donc rien de fortuit.

Je n'entre pas plus intimement dans cette question que j'ai développée ailleurs [1] ; les considérations précédentes suffisent à faire concevoir que étant donnée la liaison de cause à effet établie entre la forme du mécanisme et la chimie de ses parties constitutives, le sort commun de toutes ces parties dont la conservation est liée à celle de l'individu doit se traduire, malgré les différences des tissus, par quelque chose de commun dans les chimies de ces diverses parties de l'individu ; j'ai appelé *patrimoine héréditaire* ce quelque chose de commun qui est, dans la chimie de chaque élément du corps, l'*estampille* caractéristique de leur sort commun

1. V. *Traité de biologie, op. cit.*, chap. XI.

lié à la conservation de l'individu total. Si, dans des conditions données, l'individu se trouve soumis à des modifications, il en résulte un nouvel équilibre ; et cet équilibre obtenu au bout d'un certain temps se traduit par une *estampille nouvelle* de tous les éléments qui, à chaque instant, sont les ouvriers de la construction du corps[1].

Le nouveau patrimoine héréditaire ainsi réalisé sera transmis par les éléments reproducteurs aux individus de la génération suivante ; c'est ce qu'on appelle l'*hérédité des caractères acquis*.

Une fois que l'on a compris le rôle des fonctionnements individuels dans la canalisation des variations des lignées qui traversent les divers individus successifs ou s'épanouissent à leur intérieur, il devient évident que l'on doit remplacer l'étude de la continuité des substances vivantes par celle de la série des individus ; et, à cause des variations qui séparent les diverses lignées épanouies à l'intérieur de chaque individu, la seule chose dont on puisse se proposer de suivre l'histoire chimique, c'est la particularité commune à toutes les parties d'un même individu, le *patrimoine héréditaire*.

Chercher l'origine d'une espèce actuelle, cela revient à établir l'histoire de son patrimoine héréditaire ; c'est cette histoire qui constitue l'*évolution spécifique ;* elle est parallèle, évidemment, à l'histoire de la série des structures individuelles.

[1]. Cependant un résidu de leur ouvrage passé joue toujours un rôle actuel ; voyez plus loin l'importance du squelette.

§ 14. Lamarckiens et Darwiniens.

Une fois établie l'hérédité des caractères acquis, il devient possible, nous l'avons vu, de parler des *individus mécanismes*, comme l'on parlait primitivement des substances vivantes elles-mêmes ; on peut appliquer à la narration de leur histoire le langage Darwinien. Mais il ne faut pas oublier pour cela que ce langage semblable s'applique, dans ce second cas, à des unités d'un ordre plus élevé.

Dans le cas des substances vivantes qui se propageaient sans construire à proprement parler de mécanisme, la canalisation des hasards qui conservaient les lignées se faisait uniquement par l'intervention de conditions *ambiantes, extérieures* à l'être. Dans le cas des individus mécanismes, ces conditions extérieures retentissent bien encore sur la vie des êtres, mais elles ne modifient la chimie des substances vivantes que par l'intermédiaire du mécanisme individuel, et il y a une première nécessité dont il faut toujours tenir compte, la conservation de la vie de l'individu ; des particularités *intérieures* à l'individu dominent donc dans ce cas l'histoire de la variation.

On peut appeler *variations Lamarckiennes* ces variations soumises à la condition de la conservation de la vie d'un mécanisme, et *variations Darwiniennes*, les variations réellement fortuites et dans lesquelles n'intervient pas la conservation d'un mécanisme.

Dans le premier cas, la variation chimique est immédiatement adaptée, puisqu'elle résulte d'une transformation du mécanisme en rapport avec les exigences extérieures ; dans le second cas, elle est au contraire absolument fortuite et l'adaptation résulte *ultérieurement* de la destruction des êtres non adaptés ; si l'on donne le même nom d'individu à une masse vivante, qu'elle appartienne à la première ou à la deuxième catégorie, on peut dire que, dans le cas lamarckien, l'adaptation se fait directement dans un individu unique, tandis que, dans le cas darwinien, elle n'est possible que par la production fortuite d'un grand nombre d'individus différents entre lesquels la sélection choisit ensuite ceux qui, par hasard, se trouvent adaptés.

Il est bien évident que, même chez un individu mécanisme, il peut y avoir des particularités darwiniennes ou indépendantes du mécanisme ; le fonctionnement d'un piège à rats ne dépend pas de la couleur dont on a enduit les diverses pièces de cet instrument ; on a de même constaté que des mécanismes individuels peuvent différer fortuitement au point de vue de la couleur, par exemple, et que la sélection naturelle intervient quelquefois pour conserver ou détruire des individus doués de telle ou telle couleur, indépendamment du perfectionnement de leur mécanisme (mimétisme homochromique protecteur).

Mais ce qui nous intéresse le plus profondément dans la biologie, c'est l'admirable organisation des êtres qui nous entourent ; la genèse historique de cette organisation est évidemment lamarckienne ; ce ne sont pas les variations *fortuites* de la matière vivante qui, canalisées par les circonstances ambiantes, ont conduit à la formation de ce produit merveilleux qu'est aujourd'hui la substance d'homme ; il a fallu une série d'adaptations personnelles de mécanismes de plus en plus complexes, pour que notre patrimoine héréditaire devienne petit à petit ce qu'il est aujourd'hui.

Ce que nous avons à étudier sous le titre d' « influences ancestrales », c'est précisément l'histoire de ces adaptations successives de nos ascendants, adaptations successives grâce auxquelles la substance d'homme a aujourd'hui, pour forme d'équilibre, dans des conditions convenables, ce mécanisme merveilleux que nous tenons de nos parents et que nous transmettons à nos enfants.

§ 15. Hérédité et éducation.

L'histoire d'un individu qui provient d'un élément reproducteur, n'est pas quelque chose de simple ; c'est l'activité assimilatrice de l'œuf qui construit petit à petit l'individu[1], et, à chaque instant, dans les conditions réalisées autour d'elle, l'agglomération provenant de l'œuf prend une

---

1. Cette construction progressive accompagne le *fonctionnement* de l'organisme qui doit sans cesse renouveler son milieu intérieur; j'ai établi ailleurs (V. *Traité de biologie*, chap. x, § 85), que c'est précisément l'activité fonctionnelle qui est constructive (loi de l'assimilation fonctionnelle) alors que la

forme qui dépend de son patrimoine héréditaire et des conditions ambiantes.

On exprime ordinairement ce fait en disant que la formation de l'individu, l'évolution individuelle, est la conséquence de deux facteurs, l'hérédité et l'éducation ; car on a l'habitude d'employer indifféremment le mot hérédité pour représenter, soit le fait que l'enfant ressemble à ses parents, soit l'héritage même qu'il tient d'eux, le patrimoine héréditaire qui est la cause de ces ressemblances.

Lorsqu'il s'agit de l'évolution d'un seul individu, les variations sont si faibles que l'on peut généralement négliger à peu près les variations que subit au cours de cette évolution le patrimoine héréditaire de l'œuf, et parler indifféremment du patrimoine héréditaire de l'œuf ou du patrimoine héréditaire de l'individu qui en provient, à un moment donné de son évolution ; on dit alors que deux individus qui ont même patrimoine héréditaire, deux jumeaux, par exemple, diffèrent uniquement par leur éducation ; cependant il peut arriver que, après des existences très différentes, ces deux jumeaux transmettent à leur postérité des patrimoines héréditaires qui ne soient plus tout à fait identiques, mais diffèrent par ces légères variations dont la clause restrictive « sous peine

---

théorie courante veut que cette activité fonctionnelle soit destructive. Il faudrait, dans ce dernier cas, pour comprendre le principe de Lamarck du développement des organes par le fonctionnement habituel, faire intervenir sans cesse une providence directrice et réparatrice des mécanismes.

de mort » laisse la possibilité aux individus.

Ce sont justement ces dernières variations qui, accumulées au cours de milliers de siècles, constituent les différences entre les patrimoines héréditaires des races et des espèces ; ces différences sont le produit des différences d'éducation individuelle ; on peut dire que leur accumulation au cours des siècles représente l'éducation spécifique, et la formule de tout à l'heure revient à dire ceci, qu'un individu donné dépend de deux facteurs, son *éducation spécifique* et son *éducation individuelle* ; l'expression *éducation spécifique* équivaut, on le voit aisément, à cette autre expression, *influences ancestrales* ; et ce que nous venons de dire montre qu'il n'y a là rien de mystérieux ; ce ne sont pas les faits passés qui interviennent dans les faits présents, mais une substance chimique donnée, dont la structure résume, il est vrai, toute l'histoire des ascendants de l'individu qu'elle construit, et qui se comporte dans chaque circonstance d'après sa nature chimique.

§ 16. Le squelette.

A chaque instant de l'évolution individuelle, c'est le corps vivant, *tel qu'il est en cet instant*, qui détermine, par ses réactions dans les circonstances réalisées à cet instant, l'état obtenu par l'individu un instant après ; or, à chaque instant de l'évolution individuelle, le mécanisme est plus ou moins figé dans sa structure par la présence de parties brutes résistantes qui encroutent les tissus et qu'on appelle le squelette ; la présence de ce squelette intervient ultérieurement dans toutes les modifications de l'individu et s'oppose puissamment à l'acquisition de variations morphologiques étendues ; chacune des réactions ultérieures ajoute d'ailleurs au squelette, qui finit par occuper dans l'organisme une place très importante et lui enlève toute plasticité ; on dit alors que l'organisme est vieux.

Cependant, chez certaines espèces, dans le groupe des arthropodes, par exemple, des mues qui se produisent de temps en temps éliminent une grande partie du squelette et, enlevant ainsi un des facteurs importants de l'équilibre, permettent à cet équilibre des modifications brusques que l'on appelle quelquefois les métamorphoses ; mais il ne faudrait pas croire que ces transformations brusques correspondent à des variations dans le patrimoine héréditaire ; au contraire, on pourrait dire que les mues, débarrassant l'organisme d'un squelette conforme à un état précédent, permettent au patrimoine héréditaire de se manifester libre de toute entrave, dans les formes successives d'équilibre qui correspondent à des volumes croissants de l'individu.

§ 17. Les caractères individuels.

Dans chaque réaction, au cours de la construction de l'être, interviennent forcément les circonstances ambiantes. Il est vrai que, sous peine de mort, ces circonstances ambiantes ne peuvent pas varier d'une manière trop complète, mais néanmoins les éducations diffèrent d'individu à individu, et tout caractère, une fois construit, porte, plus ou moins profonde, la trace des incidents de son éducation.

On doit donc dire que, rigoureusement, tous les caractères des individus sont des caractères *acquis* sous l'influence des circonstances qui ont entouré leur vie. L'un des problèmes les plus importants de la biologie est précisément de déterminer quelle est l'étendue des variations possibles, sans entraîner la mort, chez un individu de patrimoine héréditaire donné ; dans quelle mesure, en d'autres termes, il sera possible de prévoir, d'après l'œuf, ce que sera l'homme qui en proviendra.

Le caractère de fatalité qui résulte de cette possibilité de prévoir, à plus ou moins de chose près, ce que sera un individu doué d'un certain patrimoine héréditaire est une des tristesses les plus grandes de ceux qui veulent croire à la liberté humaine ; aussi discute-t-on, beaucoup plus avec le sentiment qu'avec la raison, la question de savoir jusqu'à quel point il est possible de corriger, par une éducation convenable, la fâcheuse influence d'une mauvaise hérédité. Il faut avouer, d'ailleurs, que le problème est généralement très mal posé.

Voici, par exemple, un parent qui a une tare donnée ; il s'agit d'abord de savoir si cette tare était obligatoire, si elle était inscrite sous peine de mort dans le patrimoine héréditaire du parent, ou bien si elle a été chez le parent le résultat d'une particularité d'éducation.

Dans le premier cas, étant données les faibles variations que subit le patrimoine héréditaire au cours d'une seule vie individuelle, il est tout à fait vraisemblable que le parent transmettra la tare à son enfant (je suppose pour le moment que l'enfant soit le produit d'un seul parent comme dans les cas de parthenogenèse; nous verrons tout à l'heure la complication due à la génération sexuelle ou amphimixie).

Dans le second cas, si cette tare a été introduite par l'éducation du parent, la même raison, c'est-à-dire la faiblesse des variations que subit le patrimoine héréditaire au cours d'une seule vie individuelle, rendra vraisemblable la non inscription de cette tare dans l'hérédité de l'enfant, mais il n'y aura pas certitude; en tout cas, avant de se demander si l'éducation de l'enfant pourra corriger son hérédité, il faudrait se demander si cette hérédité a besoin d'être corrigée, ce qui est loin d'être certain.

Je suppose que de deux jumeaux l'un devienne un voleur et l'autre un honnête homme; le fait seul que le même patrimoine héréditaire a permis l'évolution dans ces deux sens, tendrait à prouver que ni l'honnêteté ni la fourberie ne sont inscrites dans l'hérédité (du moins dans le cas présent, car il peut y avoir des races ayant l'habitude héréditaire du vol) et cependant on ne manquera pas de se demander si le fils du voleur sera condamné à devenir un voleur.

Que l'un des deux jumeaux se casse la jambe, son squelette étant modifié *pourra* lui donner toute sa vie le caractère de boiteux, sans que pour cela le patrimoine héréditaire des parties vivantes qui habillent ce squelette en soit forcément modifié ; mais de ceci nous ne sommes pas certains non plus ; quoi qu'il en soit, avant de se demander, je le répète, si une tare d'un parent peut être corrigée dans l'enfant par une éducation appropriée, il faut d'abord se demander si cette tare était inscrite dans le patrimoine héréditaire transmis à l'enfant ; et l'on peut penser que, si une tare a pu être imposée en une génération au patrimoine héréditaire d'un individu, il doit suffire également d'une génération pour la corriger.

Le cas est différent quand il s'agit d'un caractère acquis pendant un grand nombre de générations et fixé petit à petit dans le patrimoine héréditaire d'une lignée ; mais alors on ne peut pas dire rigoureusement que ce caractère a été acquis par le parent, puisqu'il était déjà à peu près fatal quand le parent lui-même est né. Ce qui rend plus difficiles les investigations dans ce sens, c'est la particularité commune à toutes les espèces supérieures et qui fait que chaque individu qui naît provient de deux parents ; c'est la génération sexuelle, d'où résulte l'amphimixie ou mélange de deux lignées.

CHAPITRE IV

LA REPRODUCTION SEXUELLE

§ 18. Impossibilité de prévoir le résultat d'un croisement.

Dans l'espèce humaine, par exemple, un enfant provient d'un œuf dans lequel se sont mélangés des morceaux de substance vivante empruntés à deux individus ; ces deux individus sont différents et ont des patrimoines héréditaires différents ; l'œuf qui résulte du mélange doit donc avoir des propriétés qui varient suivant les proportions dans lesquelles s'est effectué le mélange et, en effet, deux œufs, résultant de deux fécondations successives d'un même parent par un même parent, ont des patrimoines héréditaires différents.

Ici donc, il n'y a plus à proprement parler de *lignée*, quoique la continuité de la substance vivante reste vérifiée comme dans le cas des générations agames. Chaque fécondation produit quelque chose de nouveau, un patrimoine héréditaire dans la confection duquel le hasard du mélange amphimixique joue un rôle très considérable.

Nous ne connaissons pas assez la structure des substances vivantes et la nature du phénomène sexuel pour prévoir le résultat des amphimixies, même si nous connaissions exactement les proportions et toutes les conditions d'une fécondation donnée, mais l'observation prouve[1] :

1° Que l'enfant a un patrimoine héréditaire propre ;

2° Que, dans ce patrimoine héréditaire, on peut reconnaître, suivant les cas, telle ou telle particularité d'origine paternelle, telle ou telle particularité d'origine maternelle, en même temps que des propriétés nouvelles qui n'appartenaient ni au père ni à la mère.

3° Que, si les deux parents sont de même espèce, l'enfant est de l'espèce des parents ; que si les deux parents sont de même race, l'enfant est de la race des parents ; d'une manière plus précise, que ce qui était commun aux patrimoines héréditaires des deux parents se retrouve dans le patrimoine héréditaire de l'enfant ; mais que, pour des particularités individuelles différentes chez les deux parents, il est impossible de prévoir quel en sera l'équivalent chez l'enfant.

Le fait de cette transmission à l'enfant de tout ce qu'il y a de commun aux patrimoines héréditaires des deux parents permet d'étudier, sans se préoccuper de l'amphimixie, la formation des

---

1. J'ai essayé de réunir provisoirement toutes ces constatations dans une formule unique au moyen d'une hypothèse. V. la loi du plus petit coefficient, *Traité de biologie, op. cit.*, § 62.

patrimoines héréditaires des espèces et des races, absolument comme si ces espèces et ces races provenaient d'une lignée simple et non d'une lignée nfiniment dichotome.

Mais il ne faut pas oublier non plus que, du fait des hasards de l'amphimixie, chaque fécondation crée *quelque chose de nouveau*; et, puisque nous parlions tout à l'heure de l'hérédité des tares, nous voyons qu'une nouvelle question doit s'ajouter aux précédentes; non seulement il sera nécessaire de se demander si une tare constatée chez un parent s'est inscrite dans le patrimoine héréditaire de ce parent, ce qui est déjà souvent bien problématique; il faudra encore, toutes les fois qu'un enfant naîtra, se demander si la particularité correspondant à une tare d'un parent s'est transmise au patrimoine héréditaire de tel enfant résultant des hasards de telle amphimixie; il se pourra que cette tare se transmette à un enfant et pas à ses frères; il se pourra qu'elle ne se transmette à aucun d'eux ou qu'elle se transmette à tous; les hasards de l'amphimixie nous défendent de rien prévoir tant qu'il s'agit d'une particularité qui n'est pas commune aux patrimoines héréditaires des parents.

Nous retrouvons ici l'affirmation comprise dans le second principe de Lamarck :

« Tout ce que la nature a fait acquérir ou perdre aux individus par l'influence des circonstances où leur race se trouve depuis longtemps exposée et, par conséquent, par l'influence de l'emploi prédominant de tel organe, ou par celle d'un défaut constant d'usage de telle partie, elle le conserve par la génération aux nouveaux individus qui en proviennent, pourvu que les changements acquis soient communs aux deux sexes ou à ceux qui ont produit ces nouveaux individus. »

Nous sommes arrivés à cette affirmation par les considérations, les plus générales, à mon avis, qu'il soit possible de faire relativement à la continuité de la vie et à la nature de la loi approchée d'hérédité. Une conséquence de ce fait que les propriétés communes aux deux parents sont seules *certainement* transmises, et que le hasard des amphimixies successives doit forcément faire disparaître les caractères aberrants acquis séparément par un individu isolé, est que nous devons considérer la génération sexuelle comme ayant pour résultat de faire disparaître les variations fortuites et de maintenir constant le type moyen d'une race, lorsque des conditions nouvelles ne déterminent pas l'acquisition, par de nombreux individus, des mêmes particularités nouvelles.

Le caprice des éleveurs peut néanmoins fixer provisoirement certaines monstruosités acquises par hasard, en choisissant comme procréateurs des individus qui possèdent plus ou moins cette monstruosité; on obtient ainsi certaines *variétés* aberrantes, qu'il ne faut pas confondre avec les *races* stables résultant d'une adaptation progressive à certaines conditions de milieu; le caractère de ces variétés est d'ailleurs d'être absolument instables dès qu'on ne surveille plus les croisements et qu'on laisse au hasard le soin d'accoupler les générateurs ; il est donc tout à fait regrettable que le grand évolutionniste anglais ait commencé par l'étude de la sélection artificielle des variétés monstrueuses son immortel ouvrage *l'origine des espèces* ; on peut voir dans cet ordre des chapitres du livre de Darwin la source de l'erreur des néo-Darwiniens qui veulent contre toute vraisemblance trouver dans les croisements la principale source des progrès accomplis par les espèces vivantes.

§ 19. Parasitisme et symbiose.

Pour parler rigoureusement, l'on doit dire que l'hérédité et l'éducation, au sens où nous les avons définis précédemment, ne constituent pas *tous* les facteurs de l'état actuel des êtres. Il faut tenir compte aussi de la présence possible, dans un individu, d'autres êtres vivants d'espèces différentes, et dont l'activité vitale retentit sur la morphologie d'ensemble de l'hôte ; je sais bien que l'influence des parasites peut être considérée comme se rangeant parmi les agents de l'éducation ; cela est vrai par exemple, pour les galles que déterminent dans les végétaux les pontes de certains insectes. Mais il y a des cas aussi où le parasitisme devient une vraie *symbiose*, le parasite accompagnant sans cesse, au cours de toute son évolution, un individu hôte, dans les manifestations actives duquel il intervient pour une part qui peut être équivalente à celle de l'hôte lui-même. Nous verrons, dans la troisième partie de cet ouvrage, que certains cas de parasitisme symbiotique ont pu être pris pour des cas d'hérédité, et nous constaterons l'intérêt de certaines symbioses pour l'interprétation de quelques cas particuliers d'amphimixie (hérédité mendélienne). Qu'il nous suffise, pour le moment, d'avoir signalé ces facteurs morphogènes particuliers.

CHAPITRE V

LES CARACTÈRES PSYCHIQUES

§ 20. Le langage psychologique.

La structure des animaux supérieurs et de l'homme est extrêmement compliquée; pour décrire cette structure avec assez de précision et arriver à *prévoir* le jeu du mécanisme dans des circonstances données, il faut étudier, non seulement la charpente osseuse avec ses articulations, non seulement les muscles, les tendons et les aponévroses, non seulement la canalisation du sang et son mouvement, non seulement les organes des sens qui reçoivent les impressions venues de l'extérieur, mais encore un système de fils conducteurs qui relient entre eux ces diverses parties de l'organisme, et qui transmettant d'un point à un autre les ordres de repos ou de fonctionnement, réalisent la *coordination* des mouvements de l'individu.

Ces fils conducteurs qu'on appelle les filets nerveux sont susceptibles d'une description anatomique assez précise dans les membres, mais ils sont mis en communication les uns avec les autres au moyen d'un enchevêtrement inextricable de fibres et de cellules dont les relations varient à chaque instant, et dont la partie la plus importante et la plus compliquée constitue le cerveau.

Le cerveau est comparable à un bureau central de téléphones ; de même que, dans ce bureau central, s'établissent successivement, par le jeu des commutateurs, des communications entre les diverses parties du réseau, de même, dans le cerveau, et suivant l'état du cerveau à chaque instant, s'établissent également des communications entre les diverses parties du réseau nerveux. Quelqu'un qui ignorerait la disposition des commutateurs du bureau central des téléphones à un moment donné, ne pourrait savoir quelles relations sont établies entre les divers points du réseau ; de même, un observateur qui ignore l'état du cerveau d'un individu à un certain moment ignore comment, dans certaines conditions, se répartira, entre les divers mécanismes partiels du corps, l'influx nerveux provenant de telle excitation extérieure.

Or la structure histologique du cerveau est extraordinairement complexe et il est de toute impossibilité, pour un observateur *extérieur*, de connaître, à un moment quelconque, l'état des communications établies entre les neurones : il lui est donc impossible de prévoir le fonctionnement de l'individu observé, ou de raconter dans le détail la marche suivie à chaque instant par les courants nerveux de diverses intensités.

Tout autre est le cas d'un homme qui s'observe lui-même, car il connaît à chaque instant l'état de son système nerveux. Il ne le connaît pas, il est vrai, de manière à pouvoir en faire une description histologique ; il peut même ignorer jusqu'aux caractères les plus grossiers de la structure anatomique de son cerveau et, cependant, il en a une connaissance *extrêmement précise*, quoique cette connaissance ne se traduise pas pour lui d'une manière *visuelle*. De même un paysan qui écoute un phonographe a, par son oreille, une connaissance *extrêmement précise* de la ligne sinueuse inscrite sur le cylindre du phonographe, mais cette connaissance précise ne se traduit pas pour lui d'une manière visuelle; il ne pourrait pas décrire graphiquement la ligne sinueuse inscrite sur le cylindre, il ne sait pas même que le phonographe a un cylindre et il pense plutôt qu'il y a quelque diablerie là-dessous. Il ne sait pas, non plus, qu'il a un cerveau et cependant il a, à chaque instant, une connaissance extrêmement précise des connexions nerveuses établies dans son cerveau et des influx qui les traversent ; cette connaissance extrêmement précise, il l'a en langage psychologique et non en langage visuel, et il ne sait pas (ou ne saura même peut-être jamais) traduire en langage visuel, en description anatomique, la connaissance qui lui arrive en langage psychologique. Il a des sensations, des états de conscience, des associations d'idées et non la connaissance géométrique de l'état de ses neurones, ni la connaissance physique des influx qui les traversent. Et cependant, je le répète, cette connaissance est absolument *précise*.

Le langage humain, créé par les hommes pour les relations des hommes entre eux, contient des expressions pour représenter toutes les notions *directes* que perçoivent les hommes, de quelque manière qu'ils les reçoivent ; il y a des mots pour représenter les sons, d'autres pour les goûts, d'autres pour les odeurs, d'autres pour les formes visuelles, d'autres pour les couleurs, d'autres pour les sensations et les associations d'idées : ces mots n'ont de valeur que pour le commerce des hommes entre eux ; ils seraient incompréhensibles pour un animal qui, par des sens d'une autre nature, créerait, dans le monde ambiant, des *qualités* d'ordre différent ; mais tous les hommes étant construits sur le même modèle, sauf les petites variations individuelles, toutes les *qualités* qui résultent de notre nature spécifique ont le même sens pour chacun de nous. Nous nous comprenons donc quand nous parlons le langage humain qui nous renseigne, avec une égale précision, mais dans des termes irréductibles les uns aux autres, sur l'état actuel du monde ambiant et de notre propre individu.

D'autre part, les *qualités* que nous font connaître nos sens sont précisément les éléments du monde ambiant qu'il nous est utile de connaître pour notre conservation ; ce sont les éléments qui ont joué un rôle dans l'évolution de notre espèce [1] ; c'est à elles seules que se rapportent nos influences ancestrales.

---

[1]. J'ai étudié, dans un ouvrage récent, l'importance de ce fait que nous connaissons les phénomènes *à notre échelle*. V. *Les Lois naturelles*. Paris, Alcan, 1904.

Nous pourrons donc étudier l'histoire des influences ancestrales en racontant chaque phénomène dans le langage humain qui lui est adéquat : nous parlerons des phénomènes auditifs dans le langage auditif, des phénomènes gustatifs dans le langage gustatif, des phénomènes psychiques dans le langage psychologique, et cela, toujours avec la même précision ; c'est ainsi que, si nous pouvons étudier, en langage psychologique, la formation des divers éléments de notre psychologie actuelle, nous aurons obtenu la notion précise de l'histoire anatomique de notre cerveau, sans connaître, en langage visuel, aucun des éléments de cette anatomie.

Toutes ces considérations un peu longues ont pour but de nous autoriser, dans la suite de cet ouvrage, à parler de la genèse d'un caractère quelconque de notre organisation, quel que soit le langage, d'ailleurs toujours également précis, dans lequel nous sachions parler de ce caractère de notre structure ; il n'y aura pas lieu de mettre à part les caractères psychiques et les caractères susceptibles d'une description visuelle, la connaissance que nous avons d'une de nos particularités est toujours la connaissance d'une particularité d'ordre structural ; cette connaissance est précise, et cela suffit.

§ 21. Instincts et intelligence.

Une habitude ancienne et qui provient certainement des théories surannées du vitalisme fait que, loin de raisonner comme nous venons de le faire au paragraphe précédent, on met au contraire tout à fait à part les manifestations de notre activité qui se racontent en langage psychologique. On discute gravement la question de savoir si tel phénomène est du ressort de l'*Instinct,* tel autre, du ressort de l'*Intelligence.* En réalité, si, avec les notions aujourd'hui définitivement acquises, on se propose de rechercher en quoi diffèrent ces deux *catégories* de phénomènes, on est rapidement déçu ; distinguer l'Instinct de l'Intelligence ou plutôt, mettre à part les instincts, cela revient simplement à étudier, tantôt le fonctionnement d'ensemble d'un organisme supérieur, tantôt les mécanismes partiels qui le constituent.

Considéré à un moment précis de son existence, l'animal supérieur est un mécanisme qui réagit d'une certaine manière à certaines excitations ; à un autre moment, c'est un *autre* mécanisme qui réagit d'une *autre* manière aux mêmes excitations, mais, dans ces deux mécanismes *différents,* il y a cependant des parties communes susceptibles d'une description unique et faite une fois pour toutes ; ces parties communes, ces *outils* invariables dont se sert le mécanisme total de l'individu peuvent, si l'on veut, s'appeler des *instincts ;* à ce point de vue, la dénomination d'instinct s'appliquera aussi bien à un outil extrêmement simple comme une trochlée articulaire qu'à un mécanisme très complexe empruntant une partie quelconque, mais invariable dans ses rapports, du système nerveux.

Ces divers outils ou instincts sont réunis les uns aux autres par les parties *variables* du système nerveux, de sorte que si chacun d'eux séparément peut être connu d'avance d'un observateur étranger, leur fonctionnement d'ensemble ne peut être prévu que par l'individu qui est formé lui-même de cet assemblage de mécanismes. On considère comme intellectuels les actes qui empruntent une partie variable du système nerveux. Tant que l'individu reste vivant, le jeu de ces parties variables doit avoir pour résultat d'entretenir le renouvellement du milieu intérieur; quoique variable, la partie intellectuelle du système nerveux n'est donc pas *quelconque*, sous peine de mort; les relations qui existent entre les diverses parties des centres variables sont canalisées par la condition du maintien de la vie individuelle; et, par conséquent, ces parties variables ne sont variables que dans de certaines limites; ce sont souvent, peut-on dire, des *instincts en voie de formation*. Et, en effet, l'on constate qu'une longue habitude rend instinctifs des actes primitivement intellectuels. Si cette longue habitude est commune à tout un groupe d'animaux et pendant assez longtemps, son résultat peut devenir héréditaire, et il en résulte un instinct spécifique nouveau qui s'ajoute aux instincts préexistants. C'est d'ailleurs ainsi que se conçoit la formation des instincts[1] que nous constatons aujourd'hui chez les divers animaux, et dont quelques-uns sont de pures merveilles.

1. V. *Traité de biologie*, op. cit., chap. x.

DEUXIEME LIVRE

LES CONSÉQUENCES INDIVIDUELLES ET SOCIALES DE LA CONTINUITÉ DES LIGNÉES

---

§ 22. Plan du deuxième livre.

Les considérations biologiques brièvement résumées dans le premier livre de cet ouvrage nous ont montré que, dans la recherche des influences ancestrales, il y a lieu d'étudier d'abord les caractères communs à tous les individus d'une même espèce ou d'une même race, sans se préoccuper de la manière dont ces caractères sont distribués aux individus par les hasards de l'amphimixie; nous renverrons donc à la troisième partie la question des mélanges sexuels et nous pourrons tracer à grands traits l'histoire de la genèse des particularités spécifiques les plus importantes en étudiant leur lignée ascendante *comme si elle avait été simple* au lieu d'être infiniment dichotome.

Parmi les caractères spécifiques, nous devrons faire un choix; l'étude de la genèse de tous les caractères de toutes les espèces entraînerait la revision de toute la Zoologie, toute la Botanique, toute la Physiologie ; d'ailleurs, quand on parle des influences ancestrales, on songe le plus souvent aux particularités d'ordre psychique, quoiqu'elles ne doivent aucunement, en bonne logique, être séparées des autres ; nous nous limiterons donc à l'étude de l'origine atavique de ces particularités et nous nous efforcerons de donner à cette étude une très grande généralité, quoique nous ayons pour but de comprendre surtout la structure psychique actuelle de l'espèce humaine.

Dans un animal qui fait partie d'une société, on peut distinguer les caractères relatifs à la vie sociale et les caractères relatifs à la vie individuelle ; non que ces deux groupes de caractères se soient développés séparément (sauf pour certains caractères individuels qui peuvent dater d'une époque antérieure à l'organisation des sociétés), ces caractères sont tous nés petit à petit du conflit de l'organisme avec les circonstances extérieures, mais, pour les caractères du premier groupe, les circonstances extérieures comprennent un facteur particulier, savoir les animaux de même espèce vivant en société avec l'organisme considéré. Il sera commode d'étudier les caractères *égoïstes* provenant de tout ce qui, dans la lignée ascendante des individus, n'a pas eu de rapport avec la vie sociale, et les caractères *altruistes* résumant au contraire les conséquences ancestrales de l'existence des sociétés.

Il y aura lieu aussi, du moins pour l'histoire de l'espèce humaine, de tenir compte de la nature des *explications* que nos ancêtres se sont données à eux-mêmes relativement à l'essence du monde qui nous entoure ; ces explications (théologie et métaphysique) ont joué en effet le rôle de mobiles très importants dans l'évolution de notre lignée et dans les rapports sociaux des hommes entre eux ; cela est si vrai que plusieurs des conséquences actuelles de l'existence prolongée des sociétés humaines, semblent, au premier abord (et même définitivement, si l'on en croit certains philosophes), inséparables des croyances religieuses qui ont accompagné les diverses étapes de notre évolution spécifique.

Si une telle influence des croyances sur l'évolution sociale a pu se manifester au cours des temps, le langage articulé, particulier à l'espèce humaine, en est la cause ; la société des hommes a tiré, de l'existence du langage articulé, des caractères qui la distinguent des autres sociétés animales ; la magie des mots a été et sera souvent encore un puissant mobile de nos actions ; il sera donc intéressant d'étudier avec quelques détails l'histoire du langage, dans l'évolution duquel nous constaterons d'ailleurs un parallélisme très curieux avec l'évolution générale des espèces.

Avant d'entreprendre l'étude spéciale de l'égoïsme et de l'altruisme, il est bon de donner une idée de la manière dont le darwinisme nous a permis, ainsi que nous le disions plus haut, de faire la philosophie d'une histoire dont nous ne connaissons pas les faits et de voir jusqu'à quel point cette philosophie de l'histoire et de la préhistoire peut être considérée comme suffisamment approchée ; je vais donc développer d'abord cette question de méthode que j'ai effleurée dans le livre précédent en l'appelant la canalisation du hasard.

CHAPITRE VI

LA CANALISATION DU HASARD

§ 23.

Nous ne savons pas, nous ne saurons jamais ce qui s'est passé avant nous dans le monde ; nous possédons seulement quelques documents épars, relativement très rares pour certaines époques, relativement très abondants pour d'autres, mais toujours infiniment misérables si nous les comparons à ceux qu'il nous serait utile de connaître. En ce moment même, que sais-je de ce qui se passe autour de moi ? Et cependant je suis certainement l'individu le plus instruit des événements qui ont leur siège dans le petit théâtre isolé dont je me trouve actuellement seul spectateur. J'observe par ma fenêtre un coin de jardin ; j'entends des moineaux qui piaillent, mais je ne sais pas où ils se trouvent et j'ignore si un épervier ne les guette pas dans une région du ciel que ma fenêtre ne me laisse pas voir. Voilà un bel arbuste couvert de fleurs ; un mulot souterrain ne dévore-t-il pas en ce moment ses racines ? Rien ne me permet de le deviner et si, demain, le plant est desséché, je ne l'aurai pas prévu. Les feuilles des peupliers s'agitent au soleil, mais je ne connais ni la vitesse ni la direction du vent qui les secoue, j'ignore le degré d'humidité de l'air et il se prépare peut-être, à mon insu, une averse qui attristera le paysage ensoleillé.

On a construit, il est vrai, des observatoires dans lesquels des hommes patients s'attachent à connaître à chaque instant les éléments de la description locale de l'atmosphère ; on y a accumulé des appareils enregistreurs qui inscrivent toutes les variations météorologiques et l'on connaît, en ces points privilégiés du monde, l'histoire minutieuse de quelques détails intéressant au plus haut point la vie de l'homme ; la centralisation de ces documents permet, dans une certaine mesure, de prévoir les tempêtes et de les annoncer aux marins, mais il est bien évident que cette prévision n'est jamais complète ; d'une part, parce que les points privilégiés dont je viens de parler sont infiniment peu nombreux par rapport aux points où il n'y a aucun observateur (ou, ce qui revient au même, aux points dans lesquels on observe distraitement comme je le faisais tout à l'heure par ma fenêtre) ; d'autre part, parce que des éléments que l'homme ne sait pas étudier peuvent intervenir efficacement dans la détermination des états atmosphériques, ainsi que l'a prouvé récemment l'effroyable éruption qui a anéanti la ville de Saint-Pierre.

C'est seulement en astronomie que l'homme

a pu atteindre, avec une approximation admirable, ce but suprême de la science qui est de prévoir les faits ; mais s'il y est arrivé, cela tient au petit nombre des éléments qui entrent en jeu dans les phénomènes astronomiques. La *Connaissance des Temps*, que publie tous les ans le Bureau des Longitudes, est imprimée plusieurs années à l'avance, et enseigne aux marins, à chaque instant, la position des astres les plus importants. Le vent, la température, le ruisseau qui coule, l'homme qui pense n'ont aucune influence sensible sur la marche des planètes, ce que l'on exprime vulgairement dans la phrase banale avec laquelle on raille souvent nos désespoirs humains : « Tout cela n'empêche pas la Terre de tourner. » En astronomie donc, sauf l'intervention possible d'astres errants que nous ne connaissons pas et qui, dans l'histoire des planètes, constituent le *hasard*, nous savons prévoir avec assez d'approximation *ce qui sera*, parce que nous savons à chaque instant *ce qui est*. Au contraire, pour les événements qui se passent à la surface de la Terre et qui intéressent directement la vie de l'homme, nous ne pouvons pas prévoir l'avenir parce que nous ne connaissons pas le présent.

Parmi les événements terrestres, ceux qu'il nous est le plus impossible d'analyser dans leurs détails de façon à en prédire le devenir, sont, sans conteste, les actes des êtres vivants ; car, dans la détermination de ces actes il intervient comme facteurs, d'abord, l'état présent de toute l'ambiance de chaque individu (état dont nous pourrions connaître, à la rigueur, certaines parties, mais que le plus souvent nous ne connaissons que très imparfaitement), ensuite, l'état même du mécanisme de l'individu, état dont les éléments intérieurs nous sont tout à fait inaccessibles. Et nous devons songer au nombre formidable d'êtres vivants qui coexistent dans un petit coin de notre Terre et dont chacun, avec ses modifications incessantes, fait partie de l'ambiance dont dépendent les actes de tous les autres. C'est l'ensemble de tous ces éléments défiant l'analyse que nous appelons le hasard ; nous sommes certains que chaque état d'un des habitants de notre monde est déterminé par l'état immédiatement précédent de lui-même et du milieu, mais nous confessons notre impuissance à prévoir ce qui sera, parce que nous ne pouvons connaître ce qui est.

Au lieu de nous attaquer à ce problème insoluble de la prévision de l'avenir, nous pouvons nous ingénier à suivre, dans ce que nous savons des faits passés, la genèse de ce que nous connaissons de l'état actuel du monde; c'est là le problème que se propose l'Histoire. Il est bien évident, après ce que nous venons de dire, que ce problème ne sera jamais résolu que très incomplètement, car si nous ignorons la plupart des faits qui se passent actuellement, notre ignorance est encore beaucoup plus profonde relativement aux époques passées, dont quelques-unes ne nous ont même laissé aucun document. L'*histoire* proprement dite, qui s'occupe uniquement des actions des hommes depuis quelques dizaines de siècles, et la *préhistoire*, qui voudrait retrouver l'origine même de l'homme et des autres espèces vivantes, sont toutes deux également impuissantes à reconstituer les chaînes des événements ; elles sont obligées de laisser jouer un grand rôle au hasard c'est-à-dire à l'ensemble des facteurs inconnus. Le déluge biblique, la famine qui désola l'empire romain sous Marc-Aurèle, l'éclat de lance qui creva l'œil de Henri II, la maladie dont souffrait Napoléon à Waterloo, voilà quelques détails que des documents nous ont conservés et qui nous font surtout comprendre combien d'autres détails nous manquent pour la reconstitution des vicissitudes des empires ; ceux qui ont le souci de la vérité doivent donc se borner à rappeler les faits connus sans essayer de les relier entre eux et de les faire découler les uns des autres, car il s'est sûrement passé, dans l'intervalle des faits connus, des événements également importants ou même plus considérables et que nous ne connaîtrons jamais.

Et cependant, on fait de l'histoire et de la préhistoire et l'on arrive à établir avec beaucoup de vraisemblance les grandes lignes au moins de l'évolution des peuples et des espèces. Ce qui a été fait par les historiens dans la seconde moitié du XIXe siècle est d'ailleurs absolument analogue à ce que nous a enseigné Darwin relativement à la philosophie biologique. Les historiens et Darwin ont *canalisé le hasard*.

Il faut bien s'entendre sur la signification de cette expression imagée ; la science ne saurait songer à prévoir l'avenir d'un individu vivant au milieu de plusieurs autres ; les éléments déterminants sont trop complexes pour qu'il soit possible de les analyser ; mais lorsque, après coup, nous savons ce qu'est devenu un être, nous pouvons retrouver, dans le passé de cet être, *quelques* éléments de la détermination de son état ultérieur connu, et vérifier que tout s'est bien passé comme il fallait ; en d'autres termes, les facteurs d'action que nous connaissons nous permettent à chaque instant, non de prévoir comment se comportera l'individu dans le moment immédiatement postérieur, mais de fixer néanmoins un *cadre*, plus ou moins serré suivant les cas, duquel il ne peut pas sortir, et à l'intérieur duquel nous ne savons pas dire où il se trouve. Si nous avons construit à chaque instant, pendant un certain temps, le cadre que notre documentation nous permet de tracer, la série continue de ces cadres juxtaposés formera un tube plus ou moins régulier, un canal plus ou moins large suivant les cas et à l'intérieur duquel nous serons sûrs que se sera passée, pendant le temps considéré, l'évolution de l'individu étudié ; nous ne saurons pas pour cela prévoir l'avenir, mais notre documentation nous aura permis de restreindre le champ des possibilités ; dans notre langage figuré, nous dirons que nous avons substitué à la condition d'être quelque part (hasard absolu) la condition d'être à l'intérieur d'un certain tube (hasard canalisé). Et si nous construisons ce tube après coup, nous devons seulement vérifier que l'évolution de l'individu étudié s'est passée en effet dans le tube que nous avons construit d'après les documents que nous possédons. Relativement à une époque de laquelle nous n'avons conservé aucun document, nous devons donc déclarer que le tube est interrompu et que le hasard absolu s'est substitué au hasard canalisé. Eh bien ! quand il s'agit d'êtres vivants, il n'y a jamais de hasard absolu, car il faut toujours, pour que les êtres continuent de vivre, que certaines conditions de milieu soient réalisées autour d'eux ; or, au point de vue historique, une lignée interrompue ne présente aucun intérêt puisqu'une lignée interrompue ne saurait se régénérer, et ne conduirait pas, par conséquent, à des êtres actuellement vivants. C'est là ce qu'ont compris les historiens qui ont fait l'histoire *économique* des peuples ; c'est là ce qu'a compris Darwin, qui a canalisé le hasard de la variation spécifique, en faisant intervenir dans l'histoire des lignées, sous le nom de *sélection naturelle*, la nécessité pour ces lignées de n'être pas interrompues.

Cette canalisation du hasard présentera certainement un intérêt d'autant plus grand qu'elle sera plus étroite et laissera moins de latitude aux possibilités ; nous devons nous demander par conséquent jusqu'à quel point la considération des seules conditions économiques permettra de serrer de près les faits de l'histoire et de la préhistoire.

Dans des vers célèbres, Gœthe a prétendu que les mouvements et les agitations des hommes sont déterminés par la nécessité de se nourrir ; il est bien évident que cela n'est pas vrai ; les passions humaines, en particulier, sont des facteurs d'action plus puissants que les considérations économiques, et il n'est pas rare de voir des individus qui, sous l'empire de violentes excitations, agissent exactement au rebours de leurs intérêts. Il serait donc tout à fait téméraire de vouloir tout expliquer par le besoin de manger ; la seule chose qu'on puisse affirmer c'est qu'un individu, pour continuer à vivre et par conséquent à intéresser l'historien de sa lignée, doit effectuer un certain nombre d'opérations ayant pour résultat la conservation de sa vie. La nécessité de ces opérations suffit à limiter sa liberté d'action, à canaliser son hasard.

Beaucoup de mouvements historiques de peuples ont pu être, dans leur ensemble, expliqués par des considérations économiques ; les grandes invasions des premiers siècles de notre ère ont été avec vraisemblance comparées aux migrations des harengs et des hamsters, mais, le plus souvent, les mobiles humains sont plus complexes. Les amitiés, les ambitions vaniteuses des conducteurs d'hommes doivent également être prises en considération, et dès lors la philosophie complète de l'histoire devient impossible. Comparer la guerre de Cent ans à un premier essai de colonisation anglaise, cela est certainement intéressant parce que cela met en relief le point de vue économique, mais cela est incomplet aussi parce que cela laisse dans l'ombre tous les facteurs d'ordre personnel; j'oserais presque dire, reprenant l'heureuse expression de Giard relativement à la sélection naturelle, que l'histoire économique des peuples n'est que l'histoire des facteurs *secondaires* de leur évolution. Les peuples qui n'ont pas pu manger ont forcément disparu, mais parmi ceux que nous connaissons aujourd'hui et dont, par conséquent, les ancêtres ont suffisamment mangé pour se reproduire, il y a un grand nombre de caractères qui proviennent de phénomènes ancestraux n'ayant eu aucun rapport avec la nécessité de se nourrir; seulement, ces phénomènes, si leur description ne nous a pas été conservée dans des documents précis, nous n'avons aucun moyen de les reconstituer, tandis que nous pouvons toujours affirmer que, depuis l'origine, les ancêtres d'un individu actuel ont sans cesse exécuté les opérations nécessaires à leur nutrition.

De là il résulte que, lorsque nous trouvons, dans les éléments de la description actuelle d'une espèce vivante, certains mécanismes dont l'utilité est évidente pour la conservation de la vie, nous concevons, par l'application de la méthode de Darwin, la genèse historique de ces mécanismes; les principes de Lamarck nous font comprendre comment les conditions de milieu ont conservé dans l'espèce ces particularités utiles, mais les mêmes principes nous permettent également de ne pas nous étonner quand nous nous trouvons en présence d'un caractère dont l'utilité n'est pas évidente. A ce point de vue, les principes de Lamarck nous tirent d'embarras dans des cas où la sélection naturelle est impuissante ; pour expliquer le développement d'un organe au moyen des théories Lamarckiennes, nous n'avons pas, en effet, à nous demander *pourquoi* les individus ont exécuté souvent certains actes ; les mobiles des actions de nos contemporains ne nous sont pas connus en général, nous ne saurions donc avoir la prétention de connaître ceux de nos ancêtres ; nous pouvons seulement affirmer avec Darwin que, sous peine de mort, les actes qui n'avaient pas pour but la conservation de l'individu ou de l'espèce ont dû respecter les nécessités de cette conservation, ne pas être nuisibles au point d'entraîner la destruction fatale des êtres ; la liberté des membres d'une lignée a été sans cesse restreinte par les conditions économiques qui ont permis la conservation de cette lignée ; le hasard a été canalisé par ces conditions, mais en dehors de ces restrictions d'ordre économique, chaque individu de la lignée a pu exécuter, pour son compte, telles opérations que lui ont dictées à chaque instant ses goûts particuliers, et tout cela a dû influencer plus ou moins le sort des individus ultérieurs.

Il convient ici de faire une distinction entre les caractères personnels et les caractères communs à tous les êtres d'une espèce, à cause du mode sexuel de reproduction de la plupart des types organisés.

Si un être vivant se reproduisait de lui-même sans le secours d'un autre individu, les caractères *acquis* par chaque membre d'une lignée seraient, par là même, acquis à la lignée, et les divergences entre les lignées d'une même provenance seraient, par suite, très considérables. Mais, comme le fait remarquer Lamarck, il n'y a certitude de transmission d'un caractère acquis que si ce caractère a été acquis par les deux individus qui collaborent à la reproduction ; s'il n'a été acquis que par un des conjoints, ses chances de transmission sont minimes et, la même probabilité se reproduisant à chaque génération, un caractère acquis fortuitement par un ancêtre unique doit forcément disparaître assez vite, de sorte que l'amphimixie se trouve être un régulateur qui maintient le type des espèces.

Si, au contraire, le même caractère se trouve acquis à la fois par *tous* les individus d'une espèce ou au moins par tous ceux qui, réunis en un même point du globe (dans une île par exemple), doivent de toute nécessité s'accoupler les uns avec les autres, ce caractère sera transmis aux descendants des couples de cette agglomération. De cet ordre sont, en particulier, les caractères relatifs aux conditions économiques ; si, dans l'île considérée, certains actes sont nécessaires à l'entretien de la vie des individus d'une espèce, tous ces individus devront exécuter ces actes sous peine de mort et, par conséquent, la répétition de ces actes développera dans chaque individu un caractère commun. Ici le Darwinisme et le Lamarckisme sont d'accord. Mais il n'est pas impossible non plus que des êtres spécifiquement semblables, se trouvant placés dans des conditions analogues, soient amenés, en dehors de toute nécessité économique, à exécuter fréquemment certaines opérations identiques ; et cela peut développer des caractères transmissibles dont l'utilité ne se conçoit pas. Les chiens, par exemple, expriment leur joie en agitant leur queue, et cette opération qui n'a aujourd'hui aucune utilité économique entretient et développe un appendice qui, sans cet usage purement décoratif, s'atrophierait bien vite par désuétude.

Toutes ces considérations ne sont pas relatives seulement aux éléments du mécanisme individuel qui intéressent l'anatomiste descripteur ; elles sont également vraies quand il s'agit de parties du mécanisme, dont l'agencement ne se manifeste que par ses résultats moteurs, et qui n'en sont pas pour cela moins importants, je veux dire les caractères psychiques.

Quelques-uns des caractères psychiques sont directement en rapport avec la conservation de l'individu ; ils sont communs à tous les individus d'une espèce, du moins en tant qu'ils se rapportent à des conditions extérieures, semblables dans les divers points du globe qui servent d'habitat à l'espèce considérée ; la pesanteur, par exemple, est suffisamment uniforme sur tous les points de la Terre pour que tous les individus d'une espèce cosmopolite se comportent de la même manière par rapport à elle; mais relativement à d'autres facteurs cosmiques, il peut y avoir des différences entre des agglomérations habitant des régions distinctes.

Ce qui est le plus immédiatement intéressant est évidemment ce qui est commun à tous les individus d'une espèce; ces individus ayant, par définition de l'espèce, les mêmes moyens de se frotter aux objets extérieurs (fonctions de relation), ont naturellement tiré de leur éducation ancestrale, relativement à ce qui est uniforme partout, des acquisitions identiques; ainsi, par rapport aux solides, aux liquides et aux gaz, qui se retrouvent avec leurs mêmes caractères à la surface du globe, tous les individus doués des mêmes sens ont les mêmes règles de conduite; ces règles résultant d'une expérience ancestrale commune sont communes à tous les individus de l'espèce; elles constituent le *sens commun*, la *logique* spécifique. Il y a une logique d'homme, une logique de hanneton, une logique d'oursin. Naturellement la logique d'homme est celle qui nous intéresse le plus, elle est d'ailleurs la seule que nous puissions connaître; sa généralité semble prouver qu'elle a une origine purement économique; la canalisation du hasard suffira à en expliquer la genèse.

Il n'en est plus de même pour d'autres parties de la mentalité spécifique. Quelques-unes d'entre elles, quoique n'ayant aucune utilité économique évidente, peuvent néanmoins être communes à tous les individus d'une même espèce, comme certains mouvements de la queue indiquent la joie chez tous les chiens ; et d'ailleurs, si tous les hommes ont une origine commune (c'est surtout des hommes que nous nous occupons, et pour cause), les éléments au moins de la construction de leurs mentalités diverses doivent être à peu près les mêmes partout ; mais avec ces éléments communs à tous les hommes, il a pu se construire, dans des conditions différentes, des mécanismes psychiques différents ; le Yolof doit avoir, relativement à la température, des opinions différentes de celles du Lapon. Encore ces différences fussent-elles restées bien minimes si l'homme avait vécu seul ; mais l'homme est un animal social et les conditions climatériques, si elles ont une action directe sur l'organisme humain, ont une influence encore plus marquée sur la constitution des sociétés ; or, dans une société, l'ensemble des individus associés joue un rôle très considérable dans la vie de chaque individu pris à part ; les sociétés ont des règles, des lois, dont beaucoup sont en rapport avec des nécessités économiques, dont d'autres sont consenties, à un certain moment, par un groupement d'individus, à cause de quelques particularités momentanées de leur ambiance ou de leur mécanisme ; et si ces lois se conservent longtemps, elles peuvent amener, dans les êtres qui y sont soumis, des modifications communes, donc transmissibles. La conscience morale de chacun est faite de tous ces acquêts sociaux, variables avec les sociétés, mais ayant toujours en commun les mêmes éléments qui sont les éléments du mécanisme humain. Nous aurons à étudier la valeur actuelle de cette conscience morale actuelle résultant, chez chacun de nous, de conventions sociales passées.

Enfin, étant donnée l'existence de morales diverses, résultant de sociétés différentes, nous aurons à nous demander ce que peut produire en chacun de nous le mélange amphimixique d'ancestralités variées. Entamons d'abord l'étude de la logique.

PREMIÈRE PARTIE DU LIVRE II

LE DÉVELOPPEMENT ANCESTRAL DE L'ÉGOÏSME ORIGINE DE LA LOGIQUE

CHAPITRE VII

INDIVIDU ET EXPÉRIENCE

§ 24. L'individu dans le milieu

L'être vivant occupe une partie limitée de l'espace, partie limitée qui se déforme et se déplace à chaque instant par rapport aux objets environnants ; il se passe sans cesse, dans cette portion particulière du monde, des phénomènes complexes et variés que l'on appelle couramment phénomènes de la vie de l'être considéré, quoique plusieurs d'entre eux n'aient en réalité aucun rapport avec l'entretien de ce qu'on doit appeler à proprement parler *la vie*, c'est-à-dire, le renouvellement du milieu intérieur et l'assimilation au niveau des éléments histologiques ; mais *l'individu* étant limité dans le monde, l'espace qu'il occupe à un moment donné est, à ce moment, un endroit privilégié à un certain point de vue.

Un grand nombre de mouvements matériels d'ordres divers, se produisant dans l'individu, sont, à l'exclusion de tous les autres mouvements du monde, l'objet d'une synthèse actuelle qui peut être considérée, à chaque instant, comme la description minutieuse, dans un certain langage, de tous ces mouvements matériels. Cette synthèse actuelle s'appelle la conscience; elle est limitée à des phénomènes qui se passent dans l'individu et sépare ainsi l'individu du reste du monde; elle constitue le *moi*.

Le *moi* varie à chaque instant avec les déformations et les déplacements de l'individu, mais, s'il est nettement *limité* dans l'espace, il n'est pas pour cela *isolé;* les phénomènes qui se passent à son intérieur sont la continuation d'autres phénomènes qui lui sont extérieurs; de même, la flamme d'une bougie est en continuité avec le milieu dans lequel elle brûle et avec lequel elle entretient des échanges physiques (radiations) et chimiques (alimentation, produits de la combustion). Et de même que, à chaque instant, ce qui se passe dans la flamme d'une bougie dépend de ce qui, à l'instant immédiatement précédent, se passait en elle et autour d'elle, de même les événements qui s'accomplissent dans l'individu sont sous la dépendance immédiate de certains phénomènes extérieurs.

Si donc les consciences successives d'un individu étaient enregistrées quelque part, quoique chacune d'elles soit exactement limitée à l'espace qu'occupe à chaque instant l'individu lui-même, cette série de descriptions minutieuses, contenant des éléments qui sont en rapport avec les états successifs du monde ambiant, permettrait de reconstituer partiellement certains événements qui ont eu leur siège en dehors de l'individu. Une certaine *connaissance* de l'histoire du monde extérieur résulterait de la considération de ces consciences successives. Or, précisément, chacun des états actuels, dont la synthèse constitue le *moi*, contient un certain nombre d'éléments des descriptions précédentes; cette particularité que l'on appelle *mémoire* et grâce à laquelle la description actuelle des phénomènes de l'individu se compose, non pas des éléments actuels et extemporanés, mais, si j'ose m'exprimer ainsi, de l'histoire plus ou moins étendue des variations de ces éléments, la mémoire, dis-je, fait que l'individu, connaissant une période de sa propre histoire, connaît secondairement une partie des événements qui lui sont extérieurs. On dit que, de ces événements extérieurs, il connaît ceux qui ont *retenti* sur son activité propre, mais cela n'empêche pas que sa connaissance soit limitée à son propre individu; *l'individu est pour lui-même tout l'univers.*

Les relations de l'individu avec l'ambiance se composent d'échanges chimiques et physiques; quelques-uns des échanges chimiques ont pour résultat direct la conservation de la vie (alimentation, excrétion); les autres échanges, s'ils ne sont pas tous immédiatement indispensables, le deviennent jusqu'à un certain point, en ce sens que la *connaissance* qu'ils donnent, à l'individu, du monde extérieur, permet à celui-ci de pourvoir aux échanges alimentaires dont il a besoin pour ne pas mourir.

On donne le nom de fonctions de relation à l'accomplissement des échanges qui, en dehors de toute valeur économique immédiate, renseignent l'individu sur son milieu.

On étend aussi cette expression, fonctions de relation, à l'accomplissement des mouvements dont résultent les déformations et les déplacements de l'individu; ces déformations et ces déplacements sont indispensables, dans beaucoup de cas, à l'alimentation; les déformations sont connues directement de l'être vivant avec plus ou moins de perfection (sens des attitudes); les déplacements ne sont connus qu'indirectement puisque leur connaissance implique la connaissance du milieu dans lequel ils se produisent; n'était cette connaissance indirecte du milieu, le mot *déplacement* n'aurait aucun sens pour l'individu, qui n'a de connaissance directe que de ce qui se passe dans les limites de son être; on ne se déplace que par rapport à quelque chose.

Les fonctions de relation, avec ce sens étendu, enseignent donc à l'individu, d'une part le retentissement des phénomènes extérieurs sur lui, d'autre part la place qu'il occupe lui-même au milieu des éléments qu'il connaît ; l'individu reçoit ces renseignements à chaque instant ; il est au courant, à chaque instant, de particularités qui intéressent la conservation de sa vie et *il en tire parti*.

Nous voici amenés déjà à parler de l'être vivant dans le langage individualiste ; nous venons de dire que l'individu est quelque chose qui varie à chaque instant et cependant nous sommes amenés fatalement à en parler comme d'une entité invariable ; nous disons que : « *il* tire parti de ce qu'*il* sait, » quoique sachant parfaitement que le pronom *il* représente à chaque instant des choses différentes. Mais du moment que nous parlons de la « conservation de la vie » et de ce qui « intéresse la conservation de la vie » il faut bien que nous *conservions* la même dénomination à l'individu qui *se conserve*. Et à partir de ce moment, le langage analytique devient impossible. Les mots « intérêt », « conservation », etc., n'ont de sens que dans la langue synthétique qu'emploient les hommes pour parler d'eux-mêmes ; il faut cependant que nous essayions de montrer comment on a le droit, après avoir envisagé l'individu comme « une portion de l'espace dans laquelle il se passe quelque chose » d'en parler comme s'il était lui-même, dans son ensemble, un agent unique prenant des déterminations et les accomplissant ; (notre langage ne sera jamais d'ailleurs tout à fait correct, car nous serons obligés, pour nous exprimer, d'oublier volontairement que nous sommes nous-mêmes des individus variables à chaque instant ;

nous ne pourrons nous exprimer analytiquement qu'en parlant d'êtres autres que nous, sans nous demander comment nous les observons.)

Dans l'une quelconque des descriptions successives qui constituent à chaque instant la conscience, le moi d'un individu donné, entrent en ligne *la plupart* des éléments qui interviendront, l'instant d'après, dans la *détermination* de l'activité totale de l'individu; si aucun facteur inconnu n'est introduit, la conscience individuelle contient donc tous les éléments nécessaires à la *prévision* de ce qui va se passer; mais cette prévision elle-même devient un facteur d'action, grâce à *l'expérience* accumulée dans la mémoire, et la valeur de ce facteur d'action est plus ou moins grande suivant les individus. Romanes a appelé « intelligence » la faculté de tirer parti de son expérience; il y a lieu de distinguer l'expérience individuelle et le résultat héréditaire de l'expérience ancestrale; c'est ce dernier facteur que l'on appelle la logique.

§ 25. L'expérience.

Il est bon de s'arrêter un instant à l'étude de ce qu'on doit appeler l'expérience; il faut comprendre sous cette appellation le souvenir des observations individuelles, des constatations de l'ordre de celle-ci: à tel état de mon moi, dans tel état du monde ambiant, a succédé tel phénomène.

Le premier résultat acquis, le plus général de l'expérience tant individuelle qu'ancestrale, est la notion du *déterminisme* universel qui s'exprime ainsi : si à tel état d'un ensemble complet de facteurs a succédé une fois tel phénomène, le même phénomène résultera à nouveau du même état du même ensemble complet de facteurs. Il est inutile de se perdre en considérations métaphysiques sur la *nature* du déterminisme ; sa constatation est tout ce que nous pouvons faire, et sans sa constatation nous ne pourrions rien ; c'est elle qui donne de la valeur à l'expérience.

L'expérience individuelle n'est pas quelconque ; elle est faite des notions qu'a pu recueillir l'individu, tant sur son état personnel que sur l'état actuel du monde ambiant. Les notions qu'il a recueillies sur son individu ne sont pas d'ordre anatomique ou histologique ; elles sont exprimées dans le langage spécial de la conscience individuelle et ont pour caractère particulier que l'individu peut s'en servir pour la prévision de ce qu'il *fera ;* les notions qu'il a recueillies sur le monde extérieur résultent uniquement du retentissement qu'ont eu, sur ses actions, les phénomènes ambiants ; tout ce qu'il connaît, il le connaît donc *relativement à lui-même, à sa propre nature ;* l'expérience de chacun dépend de la nature de chacun ; il y a une expérience humaine, une expérience de hanneton, une expérience de ver de terre ; notre expérience est à notre taille, à notre échelle ; nous ne connaissons du monde que ce qui, dans le monde, nous intéresse, retentit sur notre activité ; l'égoïsme est fatal.

Les animaux supérieurs que nous connaissons aujourd'hui accomplissent à chaque instant des choses merveilleuses de précision ; ils se comportent, dans les conditions les plus variées, précisément comme cela est nécessaire pour la conservation de leur vie et cela a paru incompréhensible avant la théorie de l'évolution, au point qu'on a dû calquer sur le modèle des plus admirables de ces animaux et de l'homme en particulier, des entités supérieures sachant adapter les moyens à la fin et capables de communiquer aux divers êtres vivants une partie plus ou moins considérable de leurs prodigieuses qualités.

La théorie de l'évolution a permis de renoncer à ces entités créatrices et directrices, et de comprendre l'adaptation progressive des mécanismes animaux ; cette adaptation progressive est le résultat de l'expérience ancestrale ; pour la raconter, il serait inutile et difficile d'employer le langage analytique ; il est plus facile à l'homme d'employer le langage synthétique ou individuel qui est le langage humain ; mais il ne faut pas oublier que c'est là un langage commode, uniquement à cause de notre nature animale ; il faut se souvenir sans cesse de la possibilité de raconter, péniblement, il est vrai, en langage analytique impersonnel, des opérations telles que celles-ci : *Je constate* que telle chose est, ou *je sais* que, dans ces conditions, *je dois* agir de telle manière, *j'exécute* donc ceci dans tel *but*. La notion du but à atteindre est la plus complète expression de l'expérience ancestrale ; pour arriver au finalisme[1], il a fallu que les êtres vivants soient pénétrés, pendant de longues générations, de la constatation d'un déterminisme universel dont le finalisme actuel semble être justement la négation absolue. Nous emploierons désormais, quand il le faudra, le langage synthétique ou individuel.

1. Le déterminisme exclut naturellement la liberté absolue, mais on a tort de prétendre que la négation de la liberté absolue conduise au fatalisme ; au contraire, seul de tous les corps de la nature, l'être vivant, par suite de la connaissance qu'il a de lui-même et de l'ambiance, peut exploiter le déterminisme ; c'est cette exploitation du déterminisme, dans les limites où nous connaissons les éléments de la détermination de l'avenir prochain, qui constitue le finalisme humain. Le fatalisme est l'erreur qui consiste à considérer l'individu vivant comme un facteur négligeable de la perpétration des événements auxquels il est mêlé et dont il connaît certains éléments importants. Voyez la discussion de cette question dans *Le Conflit*, pp. 188-200. (Armand Colin, éditeur.)

CHAPITRE VIII

L'INSTINCT DE LA CONSERVATION

§ 26. Des bactéries à l'homme.

On appelle instinct de la conservation l'ensemble des mécanismes qui collaborent à la continuation de l'état de vie individuelle ; le sens de cette expression varie donc étrangement suivant l'espèce que l'on étudie. S'il s'agit, par exemple, d'un protozoaire ou d'une bactérie, l'instinct de la conservation se résume à bien peu de chose ; pour une espèce immobile, on peut même déclarer que cet *instinct* se réduit à la propriété d'assimilation dans un milieu convenable ; car si l'individu est immobile, il ne peut rien faire pour choisir son milieu ; il reste où le hasard l'a placé ; si le milieu réalise pour lui la condition d'assimilation, il s'assimile et se multiplie ; si le milieu lui est nuisible, il se détruit, à moins que sa structure ne soit telle que, dans certains milieux nuisibles, une déshydratation ou tout autre phénomène analogue le protège contre la destruction, ainsi que cela se passe quelquefois pour les espèces que la *sporulation* met en état de repos chimique dans les circonstances difficiles. Il est certain que cette propriété de sporulation a dû être très utile à la conservation des espèces qui s'en sont trouvées douées, il est donc bien compréhensible que la sélection naturelle l'ait conservée et développée.

Mais, quand il s'agit uniquement d'assimilation ou de sporulation, il est vraiment exagéré de parler de mécanisme ; il ne s'agit là que de mécanisme chimique ; l'assimilation, propriété caractéristique de la vie, ne manque à aucun être vivant ; la cellule assimile parce qu'elle est vivante, comme le carbonate de chaux dégage du gaz carbonique quand on le mouille de vinaigre. On ne peut pas considérer l'assimilation comme une propriété avantageuse acquise au cours des générations ancestrales, car, tant qu'il n'y a pas eu assimilation, il n'y a pas eu génération. Et cependant, quoique nous ne puissions rien savoir de ce qui se passe dans la subjectivité d'une bactérie, nous avons l'habitude de parler de ces êtres minuscules comme s'ils étaient des hommes ; nous disons volontiers que la cellule tire à elle les éléments utiles et les transforme en sa propre substance ; nous disons aussi qu'elle *se défend* contre les éléments nuisibles en s'entourant d'une paroi imperméable et protectrice ; en réalité, ce langage ne présente aucun danger, parce qu'on sait bien ce qu'il veut dire.

Il n'en est plus tout à fait de même quand on parle des espèces microbiennes mobiles qui vont d'un point à un autre dans un liquide hétérogène et dont on raconte l'histoire en disant qu'elles se dirigent vers les endroits abondamment fournis en substances nutritives ou qu'elles fuient les substances dangereuses ; on voit dans ces opérations salutaires la manifestation de l'instinct de la conservation chez ces êtres microscopiques, et cette manière de parler peut n'être pas inoffensive, parce qu'elle entraîne une comparaison involontaire avec ce qui se passe chez l'homme fuyant un danger.

Chez l'homme, en effet, il y a d'abord *appréciation* d'un état particulier du milieu, constituant un péril pour l'individu, puis, par l'entremise de mécanismes complexes, mise en train d'un ou de plusieurs appareils locomoteurs qui amènent le sujet à fuir le danger qui le menace. Le langage humain, appliqué aux êtres unicellulaires, fait croire à l'existence, chez ces derniers, d'une complexité de mécanisme que certains micrographes se sont, contre toute vraisemblance, efforcés d'apercevoir.

Je le répète, nous ne pouvons pas pénétrer dans la subjectivité d'un protozoaire ou d'une bactérie : nous ne saurons jamais si le fait, pour un de ces petits êtres, de se trouver baigné dans une région où se répand une substance chimique active, s'accompagne chez lui d'une sensation, agréable ou désagréable, analogue à nos sensations gustatives ou olfactives ; nous ne saurons jamais si la bactérie apprécie le danger ou l'utilité de telle ou telle substance chimique, mais nous comprenons sans peine que l'action *directe* des produits diffusés dans les infusions puisse donner à de petites masses de protoplasma un mouvement, une *chimiotaxie*, centripète ou centrifuge dans la direction du centre de diffusion; j'ai expliqué ce fait ailleurs [1].

Nous comprenons aussi que la sélection naturelle ait fixé les *chimiotaxies* utiles et fait disparaître les chimiotaxies nuisibles, ce qui fait que, aujourd'hui, nous sommes tentés de faire intervenir, dans l'interprétation de ces mouvements chimiotactiques, l'appréciation personnelle des bactéries qui en sont l'objet. Il faut d'ailleurs remarquer que l'adaptation des chimiotaxies à la conservation des microbes n'est réalisée que quand il s'agit de substances chimiques répandues dans les milieux où ont vécu les ancêtres de ces microbes; tel produit, fabriqué dans nos laboratoires, *attire* des espèces qu'il tue ; la sélection naturelle n'a pu s'exercer que relativement aux substances répandues dans la nature.

Ceux qui veulent, malgré tout, voir un homme dans chaque microbe déclareront (et avec raison) que la même chose se produit pour l'instinct de la conservation chez l'homme ; nous pouvons trouver un goût délicieux à une substance toxique ; notre expérience n'existe que relativement aux objets que nos ancêtres et nous-mêmes avons souvent rencontrés sur notre route, et notre appréciation peut être fautive quand il s'agit de produits nouveaux ; mais il ne s'ensuit pas que l'appréciation des bactéries ait à mettre en branle des mécanismes comparables aux nôtres.

1. V. *Traité de biolologie*, §§ 4 et 5.

Chez les animaux supérieurs, au contraire, l'appréciation des nécessités actuelles est utilisée pour la mise en train des mécanismes convenables, mais ces mécanismes sont différents suivant les différentes espèces et adéquats, dans chaque individu, à la conservation de la vie individuelle.

On peut diviser en deux catégories les nécessités auxquelles doit faire face un individu pour ne pas mourir ; il y a d'abord celles qui ont trait directement à l'entretien de la vie, c'est-à-dire au renouvellement du milieu intérieur ; il y a ensuite celles qui résultent des autres relations de l'individu avec le milieu, relations qui doivent être telles que le mécanisme individuel ne s'en trouve ni dérangé ni détruit.

§ 27. Le renouvellement du milieu intérieur.

Le renouvellement du milieu intérieur constitue à proprement parler la *vie* de l'être supérieur ; il est nécessité par les échanges incessants qui se font entre ce milieu intérieur et les éléments histologiques ; ceux-ci, au cours de leur vie élémentaire manifestée, empruntent, en effet, au liquide dans lequel ils baignent, toutes les substances nécessaires à l'assimilation (oxygène, aliments) et rejettent dans le même liquide les produits accessoires ou excrémentitiels. Le milieu intérieur deviendrait donc très vite impropre à l'entretien de la vie élémentaire des éléments histologiques s'il n'était fréquemment renouvelé en tous les points de l'organisme ; ce renouvellement du milieu intérieur se compose de plusieurs opérations que l'on peut étudier séparément.

D'abord, la *circulation* qui brasse sans cesse ce milieu et le répartit en tous les points de l'organisme, depuis les points d'entrée des aliments jusqu'aux points de sortie des excréments, en passant par les endroits où se fait l'assimilation.

Cette opération, éminemment utile, ne peut être suspendue longtemps sans qu'il en résulte pour certains tissus délicats les plus graves dangers ; la circulation est indispensable à chaque instant, quelles que soient d'ailleurs, à cet instant, les relations de l'organisme avec le monde extérieur ; aussi s'exécute-t-elle indépendamment des organes par lesquels l'individu connaît son ambiance ; l'appréciation des états extérieurs n'intervient en rien dans le fonctionnement circulatoire ; la circulation s'est établie dans les êtres au cours des générations successives, et s'accomplit durant la vie de chacun, quels que soient les accidents qu'il rencontre sur sa route.

Nous pouvons, en étudiant aujourd'hui l'état du mécanisme circulatoire dans les divers groupes animaux, depuis les plus inférieurs jusqu'aux plus élevés, nous rendre compte, jusqu'à un certain point, des étapes qu'a parcourues ce mécanisme pour devenir aujourd'hui ce qu'il est chez l'homme. Mais ce qu'il faut surtout remarquer, c'est que ce mécanisme, à cause de la nécessité de son fonctionnement régulier, est devenu aussi indépendant que possible des autres mécanismes soumis aux influences extérieures. Le rythme des mouvements circulatoires est légèrement modifiable sous l'influence de variations intérieures, mais il n'a aucun rapport avec le rythme des mouvements des membres, avec le rythme de la parole, etc.

Il est vraiment curieux que l'on ait été amené à localiser dans le cœur, le plus égoïste, si j'ose m'exprimer ainsi, de tous nos muscles, les sentiments altruistes et généreux; cette erreur très ancienne vient probablement de ce que certaines émotions très fortes peuvent accidentellement retentir sur le mouvement du cœur et en accélérer ou en suspendre les battements; mais il faut justement remarquer que ces émotions très fortes sont des événements *anormaux* qui ne se sont pas reproduits fréquemment dans l'histoire de l'espèce et dont, par suite, la sélection naturelle n'a pu tenir compte; si ces événements avaient été ordinaires, il eût fallu, sous peine de mort, que le mouvement circulatoire en devînt indépendant, comme il est indépendant de la plupart des phénomènes extérieurs; une série de syncopes est en effet très dangereuse.

En dehors de ces cas tout à fait accidentels, on peut considérer le mécanisme circulatoire comme un mécanisme *isolé*, dont le fonctionnement est seulement subordonné au maintien de certaines conditions physiques et chimiques dans le milieu intérieur qu'il a pour fonction de brasser sans cesse. C'est précisément au maintien de ces conditions particulières dans le milieu intérieur de l'individu, que sont préposées les autres fonctions qu'il nous reste à étudier.

La fonction d'excrétion qui a pour objet de débarrasser l'organisme des produits excrémentitiels sans cesse formés à son intérieur est, chez les espèces peu compliquées, sous la dépendance directe de l'ambiance; elle consiste simplement en un régime d'échanges qui s'établit physiquement à travers une paroi perméable, entre un milieu de concentration plus grande et un milieu de concentration moindre.

A mesure que l'on s'élève dans l'échelle de l'organisation, on constate, non seulement une spécialisation croissante des parois perméables, dont chacune, en un endroit différent de l'organisme, excrète des produits différents (gaz excrétés par le poumon, sueur, urine, etc.), mais encore, dans certains cas, une formation de cavités intermédiaires creusées dans la profondeur des tissus et où s'accumulent les produits d'excrétion jusqu'à ce qu'il soit commode à l'individu de s'en débarrasser définitivement; telle est, par exemple, la vessie, dont la cavité est *en dehors* du milieu intérieur et qui, néanmoins, ne se vide dans l'ambiance que sous l'influence de certains mouvements de l'individu. L'existence de ces cavités intermédiaires fait que la fonction d'excrétion se dédouble en deux temps, d'abord l'excrétion proprement dite qui dépend des conditions réalisées au niveau des surfaces excrétrices et qui se produit, pour ainsi dire, passivement ; ensuite l'émission des substances accumulées dans les réservoirs intermédiaires, émission qui est commandée par l'individu, lorsqu'il en éprouve le *besoin*.

Le besoin est une de ces *appréciations* dont nous parlions tout à l'heure et qui sont les mobiles des actes des êtres ; nous allons le retrouver jouant un rôle de premier ordre dans l'alimentation.

§ 28. L'alimentation.

De toutes les fonctions dans lesquelles se décompose le renouvellement du milieu intérieur, l'alimentation est celle où l'individu doit le plus constamment utiliser sa connaissance du milieu ambiant ; et cependant, une partie de cette fonction, l'alimentation gazeuse, est encore à peu près indépendante des appréciations des êtres ; cela se comprend aisément, si l'on réfléchit que la distribution des gaz utiles à la vie est à peu près uniforme dans les endroits habités par une espèce donnée ; l'alimentation gazeuse se fait donc d'une manière uniforme dans l'ensemble d'une espèce, et il faut bien avouer que lorsque, par hasard, la distribution des gaz en un certain point est défavorable à la vie d'un être, cet être, quel qu'il soit, est fort mal outillé pour se défendre contre cette mauvaise condition.

Si l'espèce a ses surfaces respiratoires enfermées dans une cavité qu'il est possible de clore, les individus sont capables de lutter *un instant* contre les gaz délétères en fermant provisoirement leurs cavités respiratoires; mais, lorsque quelqu'un éprouve, à l'improviste, la sensation d'étouffement, il doit chercher son salut dans la fuite, et essayer de se transporter, avant l'asphyxie complète, dans une région pourvue de gaz bienfaisants ; c'est donc à la locomotion qu'il doit avoir recours, et la locomotion nécessite une connaissance approfondie de l'ambiance; mais, du moins pour l'espèce humaine, l'expérience ancestrale relative aux gaz est presque nulle, et si nous savons, pour fuir l'asphyxie, éviter de nous heurter aux corps solides et de nous noyer dans les liquides, nous n'avons aucun moyen de deviner si, pour trouver des gaz meilleurs, nous devons nous diriger à droite ou à gauche.

En définitive, l'alimentation gazeuse des êtres vivants est subordonnée aux conditions de milieu ; leur rôle personnel relativement au choix de cette alimentation est presque nul.

Il n'en est pas de même **pour l'alimentation** en corps solides ou liquides.

Une partie de cette alimentation, qui est l'alimentation proprement dite, se passe normalement en dehors de toute appréciation personnelle de l'être, exactement comme la circulation ou l'alimentation gazeuse; c'est l'ensemble des phénomènes qui s'accomplissent après l'introduction des aliments dans les cavités digestives; dans la digestion et l'absorption interviennent principalement l'état des surfaces digestives et la nature des aliments ingérés ; rarement ces phénomènes locaux retentissent sur l'ensemble du mécanisme individuel de manière à être subitement interrompus par des mouvements d'expulsion; on vomit quelquefois quand on a ingéré des poisons ou qu'il s'est produit, dans le tube digestif, des phénomènes anormaux (indigestions), mais ce sont là des cas pathologiques, et il faut avouer que le rôle appréciateur de l'intestin n'est pas bien merveilleux ; il vaut mieux éviter de s'en rapporter à lui et choisir avec soin les aliments convenables avant de les ingérer; c'est d'ailleurs parce que les animaux sont le plus souvent admirablement outillés à cet effet, que l'éducation appréciatrice de l'intestin n'a pas été poussée bien loin au cours de la formation des espèces ; ne recevant normalement que des aliments convenables, le tube digestif n'a pas été suffisamment préparé à la discrimination.

Le choix des aliments dans l'ambiance est une fonction dont le mauvais accomplissement entraîne fatalement la mort; le mécanisme qui en est chargé a donc été admirablement perfectionné par la sélection naturelle.

Sauf, peut-être, l'homme, qui s'est dégradé à ce point de vue sous l'influence de la civilisation, tous les animaux savent reconnaître immédiatement la nourriture qui leur est convenable ; ils savent aussi quand son ingestion est nécessaire; nous donnons le nom de *faim* et de *soif* aux sensations de *besoin* qui poussent les animaux à manger et à boire.

Et rien n'est plus merveilleux, pour un observateur qui ne songe pas aux adaptations progressives des êtres pendant leur évolution spécifique, rien n'est plus merveilleux, dis-je, que cet admirable instinct qui pousse les animaux à choisir, au milieu de tant d'objets divers, ceux dont l'ingestion leur est utile ; le poussin qui sort de l'œuf dans une couveuse artificielle *sait* manger et boire ; il choisit, dans la pâtée qui lui est offerte, les morceaux les plus appétissants ; il a des yeux pour voir, un organe olfactif pour sentir ; les émanations odorantes *excitent* son *besoin* de manger, et il sait manger.

Cette fonction, *la plus difficile* à accomplir de toutes les fonctions indispensables à la conservation de la vie, met en jeu la plupart des mécanismes individuels ; les sens d'appréciation chimique (palper, goût, odorat, sens de la couleur, sens du timbre) renseignent l'individu sur la nature chimique des objets extérieurs ; sa vue lui indique la place qu'occupe dans l'ambiance l'objet intéressant ; son sens des attitudes lui fait savoir quels mouvements il doit exécuter pour s'emparer de cet objet et le déglutir après l'avoir, s'il le juge nécessaire, trituré. Tous les sens et tous les organes de locomotion sont utilisés par l'être vivant pour son approvisionnement en substances alimentaires ; l'accomplissement de cette fonction indispensable à la vie a donc naturellement développé et perfectionné toutes ces parties du mécanisme individuel.

Si la nourriture est uniquement végétale, (les animaux se nourrissent tous d'êtres vivants ou de cadavres d'êtres vivants), ce n'est pas le besoin de s'approvisionner qui a beaucoup développé la locomotion ; il suffit à l'animal de savoir reconnaître les plantes utiles et les plantes nuisibles. Évidemment, son éducation n'est faite à ce sujet que relativement aux plantes que lui-même ou ses ancêtres ont fréquemment rencontrées ; pour les plantes nouvelles, son instinct est en défaut ; mais, précisément, l'obscure conscience de son expérience insuffisante se traduit chez lui par une *défiance instinctive* de ce qu'il ne connaît pas ; encore cette défiance n'est-elle pas toujours assez violente ; les moutons que l'on importe au Tonkin, y meurent tous parce qu'ils ne savent pas se défier de plantes qui leur sont nuisibles.

Chez les herbivores, les qualités locomotrices n'ont pas été développées par le besoin d'approvisionnement, mais par le danger qui résulte du fait qu'eux-mêmes peuvent servir de nourriture à d'autres animaux.

Pour les carnassiers, au contraire, c'est la nécessité d'atteindre une proie fuyante qui a développé, non seulement l'agilité et les autres qualités locomotrices, mais encore les organes des sens qui permettent de découvrir la proie quand elle se cache. La locomotion joue alors un rôle si important dans la recherche des aliments, que cette partie du « renouvellement du milieu intérieur » se confond avec les autres nécessités que nous étudierons tout à l'heure, à propos des relations générales qui existent entre l'individu et son milieu.

Avant de nous livrer à des considérations générales sur ces relations, c'est-à-dire avant d'entreprendre la seconde partie de l'étude de l'instinct de la conservation, il faut dire quelques mots des conditions *physiques* réalisées dans l'individu.

§ 29. Les conditions physiques.

Si le milieu intérieur doit, pour l'entretien de la vie élémentaire manifestée des tissus, jouir de certaines propriétés chimiques que lui assure son renouvellement, il faut aussi qu'il remplisse quelques conditions physiques indispensables.

Le degré d'hydratation peut être considéré, soit comme condition physique, soit comme condition chimique, car le rôle de l'eau, véhicule des réactions chimiques, peut être rapporté à l'une quelconque de ces sciences ; on a précisément créé le mot de *chimie physique* pour l'étude des phénomènes qui sont à cheval sur la physique et la chimie ; les phénomènes d'osmose, si capitaux dans la vie élémentaire manifestée, sont du ressort de la chimie physique.

L'hydratation et la teneur en sels de nos tissus sont maintenues constantes par l'alimentation ; c'est surtout la sensation de *soif* qui nous avertit d'une hydratation insuffisante ou d'une concentration saline exagérée ; nous n'avons donc pas à nous occuper davantage de cette question qui rentre dans le paragraphe précédent.

Il n'en est pas de même d'un autre facteur physique, la température.

De même que toutes les réactions chimiques, la vie élémentaire manifestée d'une espèce présente un optimum de température; à mesure qu'on s'éloigne de cet optimum, soit en montant, soit en descendant, la vie élémentaire manifestée se trouve gênée ; elle peut être, suivant les cas, soit simplement ralentie ou presque suspendue, (engourdissement de certains animaux par le froid), soit au contraire remplacée par des réactions destructives des substances vivantes. Or, d'une part, la température de l'ambiance varie sans cesse, d'autre part les réactions de la vie produisent de la chaleur.

Chez certaines espèces dites poïkilothermes, les réactions vitales ont seulement pour résultat d'élever très légèrement la température individuelle au-dessus de la température ambiante ; la température de ces animaux varie constamment avec la température extérieure et leur activité vitale s'en ressent ; un crocodile, très actif à 35°, est entièrement engourdi à une température assez basse ; une température trop élevée lui devient bientôt nuisible et même mortelle.

Chez d'autres espèces, en particulier chez les mammifères et les oiseaux, les variations de la température en deçà et au delà de l'optimum spécifique sont bien plus limitées ; un écart de quelques degrés entraîne nécessairement la destruction de quelques-uns des tissus les plus importants pour la coordination ; or les variations de la température atmosphérique sont, chaque jour, plus considérables que celles dont l'animal peut supporter les effets sans mourir; il est donc indispensable, sous peine de mort, que, à chaque instant, un mécanisme régulateur intervienne pour proportionner aux nécessités du maintien de la température individuelle la quantité des réactions thermogènes qui se produisent dans l'organisme ; cette régulation se fait en nous sans que nous nous en doutions, et, à l'état de santé, notre température n'oscille pas de plus d'un degré en 24 heures; c'est même là une des particularités les plus merveilleuses de notre organisation.

La recherche de la genèse ancestrale de cette particularité est très difficile ; comment ont apparu ces substances vivantes qui ne peuvent vivre qu'autour d'une température donnée ? Des hypothèses ont été émises à ce sujet, mais ce ne sont que des hypothèses et je les trouve pour ma part bien peu satisfaisantes. Voilà un exemple de l'insuffisance de nos documents historiques et préhistoriques; la méthode darwinienne nous permet de concevoir que, ces substances vivantes à nécessité homothermique s'étant produites dans des conditions que nous ne connaissons pas, il en soit résulté ultérieurement et progressivement des mécanismes régulateurs de température dont nous constatons aujourd'hui le fonctionnement automatique, sans d'ailleurs être capables de les décrire dans leurs détails et de les analyser complètement.

Mais connaissons-nous davantage la genèse de notre circulation à rythme régulier ? Darwin nous a appris à ne pas nous étonner de ce que les choses sont comme elles sont, et c'est déjà beaucoup ; mais il ne faut pas avoir la prétention de reconstruire tout le passé avec ce qu'on connaît du présent ; nous sommes certains seulement que le passé a conduit au présent, et nous n'en savons pas davantage dans beaucoup de cas.

Une constatation intéressante, que nous pouvons faire cependant **au sujet de ce merveilleux** *organe* [1] *de la régulation des températures*, est que, comme tous les organes que nous pouvons décrire complètement, il vérifie le principe de Lamarck, du développement par le fonctionnement habituel et de l'atrophie par désuétude, ce qui nous rend plus facile encore la conception de sa genèse ancestrale.

Si, au milieu de l'été, la température s'abaisse brusquement à 8 ou 9 degrés centigrades, nous grelottons, même en nous couvrant comme en hiver ; tandis que lorsqu'une pareille température survient au milieu des froids de l'hiver, nous

---

[1]. La définition de l'*organe* est purement physiologique : on appelle organe l'ensemble de *tous* les éléments anatomiques qui collaborent à l'exécution d'une fonction. C'est la fonction qui définit l'organe et c'est pour cela que, par le fonctionnement **habituel**, la fonction développe, *crée* l'organe.

éprouvons du plaisir à nous vêtir légèrement. Notre organe de la lutte contre le froid est développé par l'exercice à la fin de l'hiver; il s'atrophie par désuétude au milieu des chaleurs de l'été, et l'on peut se demander si l'emploi des calorifères, qui nous permettent de ne plus lutter par nos propres moyens contre les rigueurs hivernales, ne conduira pas à la longue à une atrophie dangereuse de ce mécanisme essentiel; il est certain que les citadins jouissant d'un grand confortable sont plus frileux que les paysans; l'emploi des vêtements chauds nous a déjà rendus inaptes à supporter des froids que nos ancêtres ne redoutaient peut-être pas dans leur nudité.

CHAPITRE IX

LES RELATIONS DE L'ANIMAL AVEC L'AMBIANCE

§ 30. L'expérience dépend du genre de vie.

Nous devons maintenant étudier, dans leur ensemble, les rapports de l'être vivant avec son milieu ; nous avons déjà parlé de quelques-uns de ces rapports à propos de la nécessité, pour l'animal, de se procurer des aliments convenables ; mais il y a d'autres nécessités et nous ne séparerons plus désormais les unes des autres.

Du moment qu'il y a locomotion, il faut qu'il y ait connaissance du milieu, sous peine de mort ; cette connaissance du milieu doit être telle que l'animal puisse s'en servir pour éviter les *accidents*, c'est-à-dire les destructions partielles ou totales de son mécanisme : il est bien évident que l'expérience ancestrale sera différente suivant qu'il s'agira d'un être vivant dans l'eau, d'un être vivant sur la terre ou dans la terre, ou d'un animal capable de voler dans les airs ; ce qui nous intéresse le plus, nous hommes, c'est évidemment l'expérience acquise par la vie sur la terre, mais comme il semble probable que nous avons eu des ancêtres aquatiques, nous ne sommes pas certains de n'avoir pas, dans le fond de notre conscience héréditaire, des restes d'une expérience ancestrale acquise dans l'océan.

Il ne faut pas oublier cependant que, lorsqu'un être change de milieu, il se sert, dans le nouveau milieu, de tous les *outils* qu'il avait acquis dans le milieu précédent (l'expérience acquise est un de ces outils et le plus important), et que, s'en servant dans des conditions nouvelles, il les *modifie* et les adapte à ces nouvelles circonstances.

Peut-être (!?) faut-il voir un souvenir de notre ancienne existence aquatique dans les rêves que nous faisons tous quelquefois et où il nous semble que nous voguons, sans mettre pied à terre, à travers des espaces fluides. Lorsque nous racontons ces rêves nous disons volontiers qu'il nous semblait avoir perdu notre poids ; cette expression est peut-être fautive, mais elle nous fait immédiatement comprendre combien peut être différente, relativement à la pesanteur, l'expérience d'un oiseau, d'un poisson ou d'un homme.

§ 31. L'expérience de la pesanteur.

Absolument évidente chez les animaux qui marchent sur la terre, l'expérience de la pesanteur se manifeste également chez beaucoup d'animaux qui vivent dans l'eau et dont le corps est toujours orienté par rapport à la verticale.

Il est d'ailleurs bien certain que, de toutes les conditions physiques réalisées à la surface de la terre, la pesanteur est celle qui s'est le moins modifiée depuis l'apparition de la vie, et aussi celle qui est la plus constante d'un pôle à l'autre.

Il est donc tout naturel que l'expérience de la pesanteur soit une des plus anciennement acquises ; la verticalité des végétaux, si elle s'explique aisément par des causes actuelles, a pu néanmoins laisser des traces héréditaires ; dans tous les cas, si nous nous bornons aux vertébrés terrestres, nous pouvons affirmer que la position qui leur est normale au cours de la locomotion est généralement celle dans laquelle le plan de symétrie de leur corps est vertical.

Une des premières choses que sachent faire les petits animaux dès que leurs moyens le leur permettent est de se tenir debout. Il est bien évident aussi, l'observation la plus élémentaire le prouve, que l'expérience de la *chute* est gravée dans toutes les consciences ; nous savons ce que c'est que *tomber* et nous le savons si bien que nous attribuons à ce mot une valeur absolue qu'il n'a pas. Chateaubriant parle de « la pluie qui *tombe* goutte à goutte dans l'infini ». Les enfants demandent pourquoi la lune, le soleil, les étoiles *ne tombent pas*[1], si elles ne sont pas attachées à un plafond

---

1. Ils s'étonnent aussi que les hommes des antipodes n'aient pas la tête en bas ; l'expression *en haut* a pour eux une signification *absolue*.

comme celui qu'imaginaient nos ancêtres les Gaulois.

Voilà le premier exemple que nous rencontrions d'un résultat d'expérience ancestrale qui est devenu, par fixation dans notre hérédité, une notion métaphysique; nous en rencontrerons bien d'autres.

Le jeune poussin qui sort de l'œuf *sait* se tenir sur ses pattes ; il le sait *de la manière qu'il faut* pour qu'il puisse le réaliser, sans avoir la moindre notion de l'anatomie des muscles qu'il met en jeu pour cela : il le sait dans le langage particulier de son sens des attitudes, de même qu'il sait, dans le langage de son sens olfactif, que telle partie de sa pâtée est appétissante sans connaître le moins du monde la chimie[1] ; l'expérience ancestrale a été de tout temps *à l'usage* et à *la taille* de nos ancêtres ; la connaissance héréditaire qui en résulte pour nous est à notre usage et à notre taille.

§ 32. L'expérience des corps solides.

Parmi les notions que l'être vivant a acquises relativement à son ambiance, il en est une qui, au moins dans les espèces ayant un genre de vie analogue au nôtre, a certainement joué de très bonne heure un rôle capital ; c'est la notion des corps solides ; tant par la vue que par le toucher, les individus ont pris conscience de la rigidité et de

1. De même qu'un photographe reproduit un paysage sans savoir dessiner et sans connaître les éléments de ce qu'il reproduit.

l'immutabilité de ces corps qui constituaient des points de repère dans le monde extérieur; s'il n'avait existé autour des êtres vivants que des fluides amorphes et changeants, on ne conçoit pas comment seraient nées les préoccupations topographiques.

Les corps solides ont été sans doute les corps par excellence; la description du monde ambiant, à l'échelle de l'animal qui avait besoin de cette description pour se mouvoir, s'est composée surtout des corps solides. Et l'on comprend sans peine comment ces corps que nos études d'aujourd'hui nous montrent n'être que très imparfaitement rigides et immuables, ont laissé dans le souvenir de nos ancêtres la notion de corps rigoureusement solides et indéformables; pour le renard qui veut entrer dans son trou, pour le serpent qui passe entre deux pierres, la topographie des corps solides est définitive et fixe; au point de vue des nécessités de la conservation de la vie, il existe dans le monde une quantité énorme de corps rigoureusement solides; la notion de *corps solide* est la plus ancienne notion de *corps* qui ait été acquise par l'expérience ancestrale, et aujourd'hui encore, nous ne pouvons guère nous imaginer les corps autrement que sous l'espèce solide, quoique nous ayons acquis la notion des fluides.

Une conséquence de cette antiquité de la notion de corps solides a été que, devant l'existence évidente de corps non solides, comme les liquides ou les gaz, de corps imparfaitement solides comme les arbres dont les branches et les feuilles tremblent au vent, devant la constatation scientifique de la non rigidité des corps qui nous avaient paru le plus rigides, nous avons été amenés à considérer ces corps fluides ou imparfaitement solides comme composés d'éléments solides, indéformables, capables de se mouvoir les uns par rapport aux autres ; cela a été l'origine de la théorie atomique, quoique la notion d'atome se soit beaucoup modifiée depuis.

Le mot corps a pour nous, primitivement, la signification de corps solide ; c'est parce que les corps solides sont susceptibles d'une définition précise et distincte, que la description de *corps* différents s'est substituée très vite à la conception d'une ambiance unique formée de parties indistinctes.

Le rôle des corps solides dans notre éducation ancestrale a été tel que nous pouvons dire aujourd'hui, sans trop d'exagération, que notre *logique*, résumé héréditaire de l'expérience des ancêtres, est surtout une logique des corps solides.

J'ai essayé de montrer, dans un autre ouvrage [1], comment les notions expérimentales résultant du frottement de nos ancêtres avec les corps solides, nous ont servi à faire de l'arithmétique et de la géométrie, et comment ces deux sciences, qui ont comme point de départ des notions résultant d'une expérimentation ancestrale *grossière* sont cependant des sciences rigoureuses qui nous permettent

1. *Les Lois naturelles.* Paris, Alcan, 1904.

de nous rendre compte, en particulier, de la grossièreté des observations dont elles ont tiré leur naissance.

La notion si profondément ancrée en nous, de l'impénétrabilité des corps est aussi une conséquence de l'importance considérable que nous avons, dès le début, attribuée aux corps solides ; si nous n'avions eu affaire qu'à des liquides ou à des gaz, nous aurions cru au contraire, en faisant des expériences grossières comme celles de nos ancêtres, à la pénétrabilité des corps. Lorsque, sur la foi de pesées précises, nous avons voulu étendre la notion d'impénétrabilité aux fluides, nous avons été obligés de l'attribuer à des atomes [1] calqués sur le modèle des corps solides et composant des agglomérations qui, pour nous observateurs, sont *pénétrables* les unes aux autres ; dans un ballon de verre *rempli* de gaz hydrogène à la pression d'une demi atmosphère, nous pouvons ajouter, en ouvrant le robinet, une certaine quantité d'air qui occupe, comme l'hydrogène, le volume du ballon.

C'est encore bien pis quand il s'agit de corps réagissant chimiquement les uns avec les autres. La notion d'impénétrabilité, quand il s'agit des

---

1. Chose curieuse et qui a dû se produire chez beaucoup de débutants, quand on m'a enseigné la théorie atomique, et quoique les atomes fussent calqués sur les corps solides que nous connaissons, l'existence même de ces corps solides et de la *cohésion* qui les forme d'atomes m'a paru le mystère le plus impénétrable.

gaz, se réduit à la loi de Lavoisier, de l'addition des masses des corps.

L'étude des solides limitant d'une manière rigide dans l'ambiance le champ qui reste librement ouvert aux mouvements de l'être vivant a naturellement amené les êtres à attribuer une importance capitale à la *forme* des corps; c'est la géométrie qui est la science des formes des corps solides.

Mais les corps de l'ambiance se déplacent les uns par rapport aux autres, de sorte que la topographie des régions librement ouvertes à l'être vivant change à chaque instant; l'être vivant se déplace lui-même aussi dans le milieu; l'étude de toutes ces variations des conditions topographiques dans le temps constitue la science appelée *mécanique*; j'ai étudié ailleurs[1] le rôle de l'expérience ancestrale dans l'établissement des principes généraux de cette science.

Un des phénomènes mécaniques les plus importants relativement à la conservation de la vie est le *choc* résultant de la rencontre de deux corps de vitesses différentes; si l'un des corps qui se choquent est un corps vivant, il peut en résulter pour lui, à cause de la *fragilité* de son mécanisme, une destruction partielle, une *blessure* capable d'entraver le fonctionnement de la coordination générale; une blessure peut s'opposer au renouvellement du milieu intérieur et, par conséquent, mettre la vie en danger.

Il est donc indispensable à la conservation de

1. *Les Lois naturelles, op. cit.*

l'individu, que celui-ci puisse apprécier la disposition des corps solides en mouvement et aussi, ce qui revient au même, la nature de son propre mouvement par rapport aux corps solides de son ambiance. Les documents qu'il perçoit par les yeux et par le toucher lui permettent, jusqu'à un certain point, grâce à la notion anciennement acquise du déterminisme universel, de prévoir les modifications de la forme du monde solide qui l'entoure, et, les prévoyant, d'en tirer parti pour éviter les blessures; il peut aussi en tirer parti pour nuire à ses ennemis ou à des animaux qu'il a intérêt à tuer pour s'en nourrir et c'est là l'origine des *armes* au moyen desquelles on détermine, de près ou de loin, des chocs redoutables.

Tout cela est du ressort de la mécanique.

Mais l'être vivant a un autre moyen de connaître, sinon la disposition extérieure de tous les corps solides qui l'intéressent, du moins les chocs dont il est l'objet de la part de tel ou tel de ces corps solides; on donne le nom de *douleur* à la notion qu'acquiert l'individu, d'un choc entraînant une destruction locale plus ou moins profonde de son mécanisme; cette notion est souvent assez confuse et il est quelquefois difficile à l'individu de la traduire dans le langage de la mécanique, mais elle est quelquefois néanmoins assez précise pour permettre à l'animal d'éviter, par un mouvement immédiatement approprié, une aggravation du mal.

Le souvenir des douleurs éprouvées dans telle ou telle circonstance est l'un des facteurs les plus puissants d'éducation ; on peut même dire que c'est la douleur et non la mort que l'être cherche à éviter, car il a (et il a reçu de ses ancêtres) l'expérience de la douleur ; *il n'a pas l'expérience de la mort.*

§ 33. La douleur.

Il n'y a pas que des douleurs résultant de causes mécaniques ; tout ce qui nuit au renouvellement normal du milieu intérieur peut être connu de nous dans le langage de la douleur.

Nous avons déjà parlé de la sensation d'étouffement qui résulte de l'existence de gaz délétères dans l'atmosphère (ou de l'absence d'éléments utiles) ; il y a aussi des sensations douloureuses relativement à des substances chimiques nuisibles dissoutes que nous essayons d'ingérer (mauvais goût) ; enfin, le danger particulier qui résulte pour nous de l'élévation ou de l'abaissement trop considérable de la température en un point de notre organisme nous est révélé par une douleur particulière (brûlure, onglée, etc.).

Le plus souvent les renseignements qui nous sont fournis par ces douleurs spéciales sont suffisants pour que nous puissions lutter efficacement contre les accidents dont elles résultent ; si nous touchons du doigt un objet brûlant, nous retirons vivement la main ; si nous trouvons mauvais goût à un corps que nous avons porté par mégarde à notre bouche, nous le rejetons brusquement en crachant.

Mais ce qui est plus important encore que ce rôle immédiat de la douleur, c'est le rôle du souvenir de la douleur qui nous pousse à éviter avec soin tout accident analogue à celui qui nous a une fois fait souffrir ; et ainsi le souvenir de la douleur complète celui que nous conservons de l'expérience acquise, sans douleur, par le jeu normal de nos organes des sens.

C'est même parce que nous avons pu apprécier, avec nos organes des sens, les causes de l'accident qui nous a fait mal, que notre expérience de la douleur est très salutaire ; mais l'insuffisance de nos organes des sens pour apprécier avec certitude les causes d'une douleur a été constatée assez souvent pour avoir été célébrée dans un proverbe qui résume admirablement tout ce qu'on peut dire à ce sujet : « Chat échaudé craint l'eau froide ». De même que le chat qui a une fois mis sa patte dans l'eau bouillante conserve une *défiance instinctive* d'un liquide inoffensif dont l'apparence optique ne diffère pas sensiblement de celle du liquide brûlant, de même l'homme qui analyse incomplètement les événements auxquels il a été mêlé peut avoir ensuite *peur* de dangers imaginaires.

L'étude de la peur est assez importante pour mériter d'être traitée dans un chapitre spécial ; il sera surtout bon de montrer que, à côté de la *crainte salutaire* d'un danger connu, existe une *peur* nuisible et douloureuse qui provient de l'ignorance et de l'analyse incomplète des faits ; de cette peur là, la science aura guéri l'humanité.

CHAPITRE X

LA PEUR

§ 34. La conscience salutaire du danger.

Nous avons déjà parlé précédemment de la *défiance* que manifestent certains animaux vis-à-vis d'éléments qu'ils ne connaissent pas et dont, par conséquent, une expérience antérieure ne leur a pas enseigné la nocuité ou l'utilité. C'est une défiance de cet ordre qu'enseigne aux hommes le proverbe : « Dans le doute, abstiens-toi ». L'exagération de ce principe conduit à un fatalisme dangereux et fait de l'individu un spectateur inactif ; le fatalisme est la négation de l'utilité de l'expérience tant individuelle qu'ancestrale.

Il est bien certain que, à un certain point de vue, cette manière de se comporter peut être légitime, puisque la connaissance que nous avons de notre ambiance n'est jamais complète et que les prévisions que nous en tirons et qui sont les principaux mobiles de nos actions peuvent, par suite, être erronées. « Souvent la peur d'un mal nous conduit dans un pire », dit un vers devenu proverbe, et le proverbe a raison *quelquefois*, comme tous les proverbes. A ce point de vue, l'utilité de la science est manifeste, quel que soit d'ailleurs son objet; il n'est pas indifférent à l'homme de connaître des éléments *quelconques* de l'activité universelle, puisque la connaissance de ces éléments peut, dans certains cas, être indispensable à la prévision de l'avenir.

Quand nous disons que nous *comprenons* un phénomène quelconque, cela veut dire que nous connaissons, à l'échelle humaine, *tous*[1] les éléments qui participent à sa détermination et que, par conséquent, dans des conditions analogues, nous pourrons prévoir un phénomène analogue. Autrement dit, par rapport à ce phénomène, notre expérience peut être complète, et, par conséquent, une instruction suffisante provenant de ceux qui ont acquis cette expérience nous donnera la faculté de profiter de ce que le phénomène a d'utile ou d'éviter ce qu'il a de nuisible, autant que nous le permet notre mécanisme humain.

La conscience du danger est une condition indispensable de la conservation de la vie, mais, pour être utilisable, cette conscience du danger doit être complète; autrement elle peut être même plus nuisible que son ignorance totale.

1. Quand nous ne connaissons qu'une partie de ces éléments, nous croyons quelquefois les connaître tous et alors nous avons tort de dire : *post hoc ergo propter hoc*. C'est l'origine de plusieurs superstitions; si un homme meurt après avoir dîné dans un repas où il y avait treize convives, l'analyse incomplète des faits amène certaines gens à croire qu'il est dangereux de se trouver treize à table.

Voici, par exemple, un orage qui obscurcit le ciel ; je sais qu'il y a eu des gens frappés de la foudre ; je connais donc l'existence du danger ; mais, malgré ce que j'ai appris relativement aux phénomènes électriques, je ne connais pas suffisamment la distribution de l'électricité dans le nuage ; je ne connais pas la marche du nuage électrisé ; je ne sais donc pas si le danger existe ici où je suis, plus que là-bas où je pourrais aller ; j'ai conscience d'un danger possible, mais je n'en ai pas une conscience suffisante pour savoir ce qu'il faut faire pour l'éviter ; il serait donc aussi avantageux pour moi d'ignorer complètement l'existence de ce danger et, dans tous les cas, en présence de cette conscience incomplète, le fatalisme sera tout indiqué ; c'est même la définition du fatalisme si l'on veut bien admettre que le hasard est l'ensemble des causes *insuffisamment* connues ; la conscience incomplète du danger ne peut me donner une indication précise ; je ne puis en tirer un mobile sérieux d'action, il est donc sage que je considère cette indication incomplète comme non avenue, que je n'en tienne pas compte ; car, si mon attention est occupée inutilement de ce côté, elle pourra être détournée d'un autre phénomène dont la connaissance complète me serait possible et utile ; mais beaucoup de gens ne font pas ce raisonnement et ont *peur* de la foudre. Il n'est d'ailleurs jamais certain que, si un phénomène est encore aujourd'hui inconnu de nous, il doive, pour cela, rester toujours inconnu. L'homme préoccupé d'augmenter le patrimoine des connaissances humaines, observera le phénomène et essaiera d'en trouver des éléments de détermination qui pourront être utiles à d'autres hommes ; les travaux de Franklin nous ont permis de mettre certains édifices à l'abri de la foudre ; si, au moment où un orage éclate, nous sommes au voisinage d'un de ces édifices, nous pouvons nous y réfugier et y trouver la sécurité.

Indépendamment même de l'existence des paratonnerres, les conquêtes scientifiques relatives à la foudre nous sont utiles ; ayant appris que le tonnerre et l'éclair ne sont que deux manières de connaître le même phénomène électrique, connaissant d'autre part les vitesses différentes du son et de la lumière, nous savons, par la constatation du temps qui s'écoule entre la vision et l'audition du phénomène, à quelle distance ce phénomène se passe ; le coup de tonnerre le plus formidable nous laisse tout à fait rassurés si nous l'avons entendu plusieurs secondes après avoir vu l'éclair correspondant ; nous savons que l'orage est loin et ne nous menace pas, et nous avons en cela une grande supériorité sur les chiens, les chevaux et les ignorants qui continuent à redouter l'orage, alors que son éloignement l'a rendu inoffensif.

Il est vrai que, même chez des personnes qui connaissent la manière de calculer la distance d'un orage par le nombre de secondes qui sépare l'éclair du coup de tonnerre, un orage lointain peut, comme chez les chiens et les chevaux, faire naître la *peur*. Je connais de ces personnes, mais je n'oserais pas affirmer que, malgré leur instruction assez développée, elles aient, dans la valeur des conquêtes de la science, une foi bien solide ; il me semble bien difficile qu'un homme raisonnable ne surmonte pas une terreur dont il a reconnu définitivement l'absurdité ; il est vrai que chez plusieurs de mes congénères j'ai observé des *tics* qu'ils reconnaissent eux-mêmes pour inutiles ou même nuisibles et dont tous leurs efforts ne réussissent pas à les débarrasser.

Lors donc que nous constatons, chez des hommes, la peur de certains phénomènes inoffensifs, nous devons nous dire, soit que leur éducation, relative à ces phénomènes, ne leur en a pas suffisamment démontré l'innocuité, soit que cette peur était trop profondément ancrée dans leur mécanisme héréditaire, pour que l'éducation ait pu les en débarrasser.

§ 35. La peur mystique et l'origine des Dieux.

Il est bien vraisemblable que nos ancêtres ignorants ont éprouvé, pendant des milliers de siècles, des terreurs nombreuses, et que la persistance de ces terreurs a pu se traduire dans le patrimoine héréditaire de l'espèce.

Le nombre des phénomènes dans lesquels le déterminisme parfait était constaté devait être d'autant plus restreint que l'expérience des hommes était moindre, que leur ignorance était plus grande ; et même, rien n'est plus admirable que la fixation progressive de la croyance au déterminisme, chez des êtres que leurs moyens d'investigation ne mettaient pas à même d'étudier un seul phénomène dans tous ses détails. Mais, précisément, ainsi que je l'ai déjà exposé ailleurs[1], la grossièreté de leurs moyens d'étude leur a permis de ne pas constater que leurs observations de cas de déterminisme étaient en réalité approchées ; leur croyance au déterminisme a été le résultat d'observations approximatives très fréquentes. Et c'est de ces observations approximatives qu'a été faite leur expérience ; c'est au moyen de ces observations approximatives qu'ils sont arrivés à agir, dans tous les cas, de manière à éviter la mort et qu'ils ont établi le finalisme humain dont nous nous servons quotidiennement en disant, par exemple : « Je tends la main vers ce fruit pour le saisir et le porter ensuite à ma bouche. »

Sans la croyance au déterminisme et le mode de raisonnement finaliste qui en est résulté, l'expérience animale eût été vaine.

Mais il est bien certain que si, dans les actes les plus ordinaires de la vie, le déterminisme observé devait se vérifier le plus souvent, un très grand nombre de phénomènes du monde ambiant devaient échapper à l'analyse, et, par suite, à la prévision. Devant ces phénomènes l'animal se sentait désarmé, impuissant ; je crois que la peur a été primitivement, chez l'ancêtre de l'homme, la

1. *Les Lois naturelles, op. cit.*

conscience de son expérience insuffisante de certains faits; il a eu *peur* des phénomènes naturels contre lesquels il ne pouvait pas se défendre, parce qu'il ne savait pas prévoir leur devenir.

Ici se place une remarque importante.

Ce qui se passe dans un animal n'est connu que de lui seul; lui seul peut prévoir ce qu'il fera dans certaines circonstances ambiantes ; un animal qui observe un autre animal est donc impuissant à deviner la manière dont il se comportera bientôt, même si l'observateur connaît, aussi exactement que l'observé, les conditions réalisées dans le milieu[1]. Il est donc très naturel que l'observateur des phénomènes extérieurs ait, quel qu'il fût, établi un rapprochement entre les phénomènes dont, par suite d'une documentation insuffisante, il ne pouvait pas prévoir le devenir, et l'activité des autres animaux vis-à-vis desquels il était toujours également désarmé.

Ce rapprochement a été l'origine de l'anthropomorphisme ou, d'une manière plus générale, du zoomorphisme; en d'autres termes, ce rapprochement a créé les Dieux : « *Primos in orbe deos fecit timor.* » Traduction libre : « La documentation insuffisante des animaux, relativement à certains phénomènes extérieurs dont ils ne pouvaient pas prévoir le devenir, rapprochée de leur documen-

---

1. Il faut remarquer que, même à ce point de vue, la documentation de l'observateur est forcément insuffisante, car elle est nécessairement différente de celle de l'observé qui occupe un autre point dans l'espace.

tation également insuffisante, relativement aux intentions des autres animaux, les a amenés à imaginer comme acteurs, dans les phénomènes naturels, des êtres analogues aux animaux. »

L'analogie n'existait en réalité que quant à la documentation insuffisante de l'observateur, mais elle a été poussée plus loin et, de même que l'animal a tiré de son expérience du déterminisme la possibilité du raisonnement finaliste, de même on a prêté aux Dieux[1] calqués sur le modèle des animaux la faculté d'adapter les moyens à la fin ; on leur a prêté l'intelligence, la volonté et aussi d'autres qualités animales d'ordre différent : la colère, la soif de la vengeance, etc.

Mais immédiatement s'est dénotée une différence essentielle entre les animaux et les Dieux imaginaires qui intervenaient dans les phénomènes mystérieux de l'ambiance ; si l'animal observateur ne peut pas pénétrer dans la subjectivité de l'observé, du moins peut-il suivre de l'œil ses déplacements dans l'espace et connaître ses moyens d'action spécifiques ; il peut donc essayer de se soustraire, par la fuite ou tout autrement, à ceux de ses mouvements qui sont dangereux pour lui ; il peut même l'attaquer et le détruire ; en un mot, quelque redoutable que soit l'animal qu'il observe, il peut *se défendre contre*

1. L'hypothèse des Dieux étant anthropomorphique est éminemment facile à exprimer dans le langage humain ; si donc nous appelons simple, comme on doit le faire, ce qui s'exprime simplement dans notre langage, l'hypothèse théologique constitue le plus simple de ces moyens ; et cela explique sa vogue.

lui; son expérience, son observation lui sont utiles dans la lutte contre un ennemi vivant.

Il en est tout autrement des Dieux qu'il a imaginés précisément comme acteurs des phénomènes contre lesquels il est désarmé par son ignorance ; ces Dieux, il ne les voit pas, il ne les connaît pas ; il ne peut en aucune manière se défendre contre eux ; il ne peut qu'en avoir peur. Et il agit à leur égard comme il le ferait à l'égard d'un de ses semblables dont il aurait peur ; il implore leur pitié et essaie de les soudoyer par des sacrifices. C'est là le maximum de la stupidité humaine ; c'est la pierre d'achoppement de tout progrès.

Si Franklin avait cru, comme on l'apprend encore aux enfants auxquels on enseigne l'histoire sainte, que la foudre est une manifestation de la colère de Dieu, il se serait confondu en prières pendant les orages au lieu de les observer et d'inventer le paratonnerre. Du moment que l'homme a divinisé son ignorance des faits, il la vénère comme définitive et il finit même par y tenir tellement qu'il considère comme son plus mortel ennemi celui qui, ne partageant pas son égarement, essaie de l'en guérir.

§ 36. L'exploitation de la peur.

Il s'est d'ailleurs trouvé, à toutes les époques de l'histoire humaine, des individus plus intelligents ou plus instruits qui ont exploité la peur de leurs congénères.

Que quelques-uns d'entre eux aient songé à la

possibilité de l'explication d'une partie au moins des faits que l'on mettait au compte des Dieux, cela ne paraît pas douteux; mais ces explications plus complexes n'auraient pas été à la portée du vulgaire, tandis que l'explication religieuse est d'une simplicité qui la rend accessible à tous les ignorants, d'autant plus accessible même qu'ils sont plus ignorants.

Il est donc vraisemblable que quelques esprits supérieurs, ayant entrevu des conquêtes possibles de la science sur le domaine des Dieux, ont renoncé à dévoiler leurs découvertes. Ceux d'entre eux qui, cependant, ne s'y sont pas résignés, ont été en butte à la haine de leurs confrères qui voulaient conserver leur empire dans son intégrité; l'ignorance des hommes est le patrimoine des prêtres.

Il serait cependant illégitime de supposer que seules des considérations d'intérêt ont conduit les prêtres au fanatisme; une telle supposition proviendrait de l'attribution gratuite, à tous les prêtres, d'une supériorité scientifique à laquelle la plupart n'ont eu aucun droit; le plus souvent, il est vrai, les prêtres ont été les plus instruits des hommes, avant l'avènement du règne de la science, mais il ne faut pas oublier quelle était la nature de leur instruction; ce qu'ils avaient appris de leurs aînés, c'étaient précisément les explications théologiques qui enlèvent à l'homme l'idée d'accroître le champ de son expérience; les prêtres étaient les gardiens d'une cosmogonie traditionnelle qui, se considérant à chaque instant comme définitive, était la négation même de la possibilité du progrès. Il est donc probable qu'un grand nombre de prêtres, sinon la majorité des prêtres de toutes les époques, se sont eux-mêmes payés de leurs propres explications et ont cru à l'existence de leurs Dieux, même quand ils ont été obligés d'inventer des supercheries et de se livrer à la prestidigitation pour faire croire à leurs ouailles qu'ils étaient, eux prêtres, en commerce habituel avec la divinité.

Le fanatisme des hommes s'est d'ailleurs probablement, au début, confondu avec d'autres sentiments qui avaient un rapport immédiat avec des intérêts matériels ; chaque peuple ayant ses Dieux, la cause du Dieu était confondue avec celle du peuple ; nous aurons à parler de ce fait quand nous étudierons les rapports des hommes entre eux ; plus tard, quand une partie de l'humanité a cru à un Dieu unique, ce fanatisme de peuple n'a plus eu de raison d'être et a été remplacé par un fanatisme d'un autre ordre ; considérant leur Dieu comme un despote avide de flatterie et altéré de vengeance, les fidèles ont cru s'attirer les bonnes grâces de ce souverain anthropoïde en luttant de toutes leurs forces contre les infidèles.

Il est d'ailleurs fort intéressant de remarquer que les hommes ayant toujours construit leurs Dieux à leur image, leur ont prêté leur mentalité et leurs passions : « Les offrandes des hommes bons, dit Anatole France [1], nourrissent les Dieux bons. Les noirs sacrifices de l'ignorance et de la

1. Discours de Tréguier, 1903.

haine engraissent les Dieux féroces. » A ce compte les Dieux des philosophes n'ont jamais été que de bien pauvres Dieux, car qu'est-ce qu'un Dieu dont on n'a pas peur ?

Les Dieux représentent, pour l'ignorance de l'homme, les facteurs des événements dont il a peur parce qu'il ne sait pas s'en garer ; si l'on arrive à ne plus avoir peur des Dieux, autant vaut supprimer les Dieux. L'histoire des Dieux est inséparable de celle de la peur et si toutes les considérations précédentes ne suffisaient à le prouver, on en trouverait la démonstration dans le fait que des recrudescences de foi religieuse ont généralement suivi les cataclysmes qui ont affligé l'humanité ; ne voyons-nous pas chaque jour des parents qui vivaient dans l'indifférence devenir dévots après la perte d'un enfant chéri ; l'idée que le Dieu négligé se venge n'est pas éloignée de l'idée de justice dont nous aurons à parler ultérieurement.

Enfin, puisque nous analysons les origines du fanatisme, nous devons en signaler une qui prend ses racines dans le tréfond de la nature humaine, dans le besoin d'avoir raison, d'avoir plus raison que les autres et de se démontrer qu'on a raison ou plutôt de le démontrer aux autres par tous les moyens possibles, même les moins philosophiques. Peut-être trouverons-nous plus tard l'origine ancestrale de cette particularité.

Il est temps d'ailleurs d'abandonner ces considérations sur les croyances religieuses et de revenir à l'étude de la peur qui nous y a conduits;

mais nous n'oublierons pas pour cela que la peur a créé les Dieux et que c'est ainsi qu'elle a joué un rôle capital dans l'histoire de l'humanité préscientifique ; elle continuera d'ailleurs à jouer un rôle important, longtemps encore après que la science l'aura terrassée, mais elle n'agira plus alors comme facteur actuel, elle sera représentée seulement par les traces, difficiles à détruire, que son influence prolongée aura laissées dans l'hérédité de l'homme ; n'oublions pas en effet que, à chaque instant, l'homme agit suivant son mécanisme actuel ; il se sert des outils qu'il possède ; or, un facteur aussi considérable que la peur et ayant agi sur l'humanité pendant de si longues générations, a construit, dans le mécanisme des individus, des outils qui ne sont pas négligeables ; nous avons actuellement, dans notre organisme, une machine à avoir peur, et bien peu nombreux sont ceux qui, grâce à une éducation scientifique de premier ordre, arrivent *dans tous les cas*, à exercer sur le fonctionnement de cette machine héréditaire, une influence inhibitrice.

Une fillette, élevée par ses parents en dehors de toute croyance religieuse, a dit un jour devant moi à propos de contes enfantins dont on amusait son petit frère : « On a tort de dire à Claude qu'il y a des diables, parce que, quand il sera grand, il saura bien qu'il n'y en a pas, mais il en aura encore un petit peu peur tout de même. » L'humanité aujourd'hui est « grande, » du moins dans la personne de ses savants, mais elle continue néanmoins à avoir « un petit peu peur ». L'éducation des enfants en est certainement la cause ; les traces héréditaires de la peur ne seront pas de longue durée dans notre espèce si on les combat avec soin pendant le jeune âge.

Pour ma part, j'ai eu peur pendant mon enfance, quoi qu'on n'ait rien fait pour développer chez moi ce funeste héritage d'une ancestralité mystique ; aujourd'hui ayant beaucoup étudié et beaucoup philosophé, je réussis très difficilement à faire fonctionner encore chez moi la « machine à avoir peur ». La lecture des livres qui ont pour but de faire peur ne développe plus chez moi l'émotion cherchée, parce qu'ils font ordinairement appel à des moyens dont je connais l'illégitimité.

Guy de Maupassant a consacré à la peur une étude intéressante et a raconté comment un être qui ne croyait plus aux interventions surnaturelles avait néanmoins eu peur deux fois. Il me semble que ces deux cas et bien d'autres peuvent être attribués à des *coïncidences* capables d'amener un homme à douter momentanément de la légitimité de la science et même de la valeur de sa logique ; toutes les fois que l'on voudra faire peur à des gens pourvus d'une éducation scientifique solide, il faudra organiser de telles coïncidences qui semblent, *au premier abord,* établir une relation de cause à effet entre des phénomènes indépendants ; une étude plus approfondie des choses montrera qu'il y a eu erreur, mais, pendant un instant, la « machine à avoir peur » aura fonctionné ; l'effet cherché aura été obtenu.

Les romanciers qui veulent faire peur exploitent aussi certains phénomènes psychiques ou psychopathologiques, comme par exemple, le déréglement de l'appareil logique d'un individu (folie), ce qui donne aux lecteurs une défiance douloureuse de la solidité de leur propre raison ; ou encore, et surtout, les relations qui s'établissent entre deux individus plus ou moins éloignés (suggestion, télépathie) par des moyens autres que ceux dont notre espèce a acquis une longue expérience ; la narration de ces phénomènes peut développer la peur chez ceux qui y voient un renversement de l'ordre établi dont ils ont acquis la connaissance par l'éducation spécifique et personnelle ; nous devrions y voir seulement (quand il s'agit de faits dûment constatés,) la manifestation intéressante de phénomènes autres que ceux que nous connaissons bien, et cela nous amènerait à les étudier comme on a étudié la foudre ou le magnétisme ; une fois que nous les connaîtrons, il ne nous feront plus peur ; mais le fait seul que ces phénomènes *humains* n'ont pas été percés à jour par l'expérience ancestrale suffit à prouver que ces faits sont *exceptionnels* et non généraux ; quand nos ancêtres en ont constaté des cas aux époques mystiques, ils y ont seulement vu une manifestation de plus à mettre sur le compte des puissances occultes auxquelles nous ne croyons plus.

Le domaine humain de la peur se réduit chaque jour, à mesure que croît le domaine de la science ; au contraire, certaines espèces animales, vouées à l'ignorance éternelle, sont condamnées à la peur indéracinable, mais il faut éviter de confondre la peur de certaines espèces peureuses avec la peur que nous venons d'analyser chez l'homme ; la timidité des moutons a deux causes différentes :

D'une part, ils ont la conscience très légitime de leur infériorité dans la lutte ; ils n'ont d'autre moyen de se défendre que la fuite ; ils fuient ; c'est là simplement la conséquence salutaire de la crainte du danger.

D'autre part, ils ont une intelligence très bornée, une expérience presque nulle et ils ne savent pas distinguer ce qui est dangereux de ce qui est inoffensif ; aussi fuient-ils, même quand ils feraient mieux de rester tranquilles, et cela leur est quelquefois très préjudiciable ; un mouton peut se tuer en sautant dans un précipice pour fuir une voiture qui ne lui aurait fait aucun mal et dont le bruit l'a effrayé ; c'est là la vraie peur qui ne peut jamais être utile et qui souvent devient nuisible en annihilant les facultés d'appréciation et de locomotion.

Chez l'homme, la connaissance de plus en plus complète du monde extérieur fera disparaître cette peur stupide ; le mouvement est déjà commencé et depuis longtemps ; ce n'est pas d'hier qu'on a dit : « Aide-toi, le ciel t'aidera » proverbe que l'on peut interpréter à la rigueur en exploitant l'idée de justice et disant que les Dieux seront favorables à celui qui se donne du mal, mais dont la signification purement athéistique me paraît plus vraisemblable.

CHAPITRE XI

LES ENTITÉS MÉTAPHYSIQUES ANTHROPOÏDES

§ 37. Cause, force, âme.

Il est indiscutable que l'invention des Dieux a oué un rôle de premier ordre dans l'évolution de l'espèce humaine ; j'oserais presque dire qu'il en a été de même dans les autres espèces animales, car si, réellement, comme je l'ai exposé plus haut, cette invention a été, chez l'homme, le résultat, d'une part, de la conscience de son expérience imparfaite de certains phénomènes dont il ne pouvait prévoir le devenir, d'autre part, de son impuissance à connaître les intentions des autres animaux, il est vraisemblable que le même phénomène, pour les mêmes raisons, s'est passé aussi bien chez les ancêtres des tigres, des crocodiles et des fourmis ; mais il est probable aussi que, vu l'absence de langage articulé[1] (à moins que quelques espèces sociales en possèdent à notre insu l'équivalent), la notion de ces Dieux acteurs des phénomènes du monde a dû rester plus rudi-

---

1. Nous étudierons plus loin le rôle très spécial du langage articulé dans l'évolution de l'espèce humaine.

mentaire chez les animaux muets ; comme nous n'avons aucun moyen de le savoir, il est plus sage de nous borner à l'espèce humaine pour apprécier les conséquences de la naissance des Dieux.

L'une des plus immédiates de ces conséquences a été le développement des idées métaphysiques.

L'expérience des hommes s'est, en effet, toujours bornée à des constatations de l'ordre suivant :

Dans telles conditions, telle chose se passe.

En d'autres termes :

Dans tel ensemble, dont je connais tels éléments, tel état succède à tel état précédent, *résulte* de tel état précédent ; donc, étant donné que toute mon expérience, tant personnelle qu'ancestrale, m'a enseigné le déterminisme, j'en conclus que si, dans un ensemble identique au premier, se produisent une seconde fois des conditions identiques, il en résultera le même phénomène que la première fois ; voilà, en bonne logique, à quoi se réduit la notion humaine de relation de *cause* à *effet* : tel état succède à tel autre état.

Une série d'expériences analogues permet à l'homme de savoir que, parmi les éléments humains de la description d'un ensemble de corps, tels et tels éléments peuvent se modifier sans entraîner de changement appréciable dans le résultat produit ; il est donc possible de ne tenir compte que des éléments dont la connaissance précise est indispensable à la prévision du phénomène ; ce sont les éléments réels ou *essentiels* du cas étudié ; les autres sont indifférents.

Une description étant réduite aux éléments essentiels d'un phénomène, on dit que cette description est la description des *causes* d'où résulte l'*effet* produit.

En réalité, dans les phénomènes naturels, il y a rarement simplicité (j'entends simplicité au point de vue de la description humaine [1]), et c'est par un artifice peut-être dangereux que l'on isole, dans un ensemble de manifestations concomitantes, un fait particulier qui n'est cependant pas indépendant des autres. C'est ainsi que si, dans l'ensemble des corps en mouvement, intervient un animal, on a l'habitude de raconter ses déplacements et ses déformations, comme s'il constituait une unité indivisible, invariable et libre du monde qui l'entoure.

Et il se trouve que, précisément, le langage des hommes ayant pour objet la narration de l'histoire des hommes, est particulièrement *simple* quand on l'applique à des animaux analogues à des hommes. Cependant, si l'on voulait scientifiquement analyser les déformations de l'ambiance, on ne trouverait nulle part une complication analogue à celle qui se manifeste dans la moindre opération animale. C'est donc avec raison que j'ai spécifié, tout à l'heure, qu'il faut parler de simplicité, *au point de vue de la description humaine ;* en dehors de cette acception, le mot simplicité ne signifie rien.

Voici donc, par exemple, un cheval qui fait

1. V *Les Lois naturelles, op. cit.* Les lois simples.

tourner une meule ; c'est là une narration éminemment simple ; cette forme *individualiste* du langage nous amène à dire que c'est l'*acte* du cheval qui est la *cause* de la rotation de la meule, et voilà déjà une déformation de notre notion de *cause* précédemment définie ; en réalité le cheval, ses harnais, ses brancards, les rouages, la meule, le sol, l'air qui sert à la respiration, forment un ensemble complet dans lequel chaque état précédent amène naturellement chaque état suivant ; en dehors du cheval même, l'analyse de cet ensemble de corps solides, faite au point de vue du mouvement de rotation, serait relativement simple ; au contraire, les phénomènes de locomotion du cheval et, encore plus, les phénomènes chimiques qui les entretiennent, défient toute analyse, et d'ailleurs, ce que nous appelons « le cheval » à deux moments différents de l'opération, *ce n'est pas le même objet* ; il y a eu des transformations dans le cheval ; il y en a en lui durant toute sa vie, ainsi que le prouvent d'ailleurs les différences qui se manifestent à chaque instant dans sa manière d'agir ; mais *cela nous est égal* ; notre narration individualiste manque de précision puisqu'elle donne à chaque instant le même nom à un mécanisme dont les transformations seules produisent le mouvement ; nous nous contentons de cette narration qui contredit le déterminisme universel, parce que cette narration est *commode* dans les relations entre hommes et qu'elle nous est *familière*.

Bien plus, quand nous disons que « le cheval

fait tourner la meule », c'est là, pour nous, l'*explication* du mouvement de la meule ! Si nous voulions, je le répète, analyser, à chaque instant, le mouvement de l'ensemble, nous trouverions d'une part un ensemble de rouages bruts dont la description faite au point de vue du mouvement[1] serait très simple, d'autre part un ensemble de tissus formant le cheval vivant et dont les variations sont telles que leur analyse est impossible. Et c'est par l'intervention de ce second ensemble, désigné d'un seul mot dans le langage individualiste, que nous *expliquons* (!!) le mouvement de rotation de la meule !

C'est là, évidemment, un langage commode pour les besoins journaliers, mais l'emploi de ce langage commode devrait être interdit quand on veut faire de la science, puisque l'on *sait* que ce langage cache une erreur volontaire, l'attribution constante d'un nom unique à un mécanisme sans cesse variable.

C'est de l'emploi de ce langage qu'est née la notion métaphysique de cause.

Qu'est-ce qui est la *cause* du mouvement de la meule ? Le cheval.

Il y a *donc* des corps immuables (immuables, puisque le même mot cheval s'applique à l'animal à deux moments quelconques de l'opération) dans lesquels il *existe* des *causes* de mouvement ; en

---

1. Il est bien entendu que c'est à ce seul point de vue que la simplicité existe ; le même système serait susceptible par exemple de transformations chimiques très complexes.

d'autres termes, il y a, dans le monde, des *causes* de mouvement.

Et voilà une entité créée ; *elle est la base de toute la métaphysique*. En réalité, nous savons bien que cela n'est pas vrai ; nous constatons, à chaque instant, qu'un *état* d'un ensemble de corps succède à un autre *état* du même ensemble, et, si nous avons affaire à un ensemble complet, qui porte son devenir en soi, nous avons le droit de dire, sans aucune hypothèse, que l'état suivant résulte de l'état précédent, en d'autres termes, que l'état précédent est la cause de l'état suivant ; (j'ai dit plus haut comment il convenait de restreindre cette définition aux éléments du système qui sont *essentiels* dans la déformation considérée). Mais c'est là simplement l'affirmation de notre constatation quotidienne des tranformations de mouvements ; quand nous disons qu'un cheval *produit* du mouvement, nous oublions volontairement les mouvements qui se produisent dans le cheval, pour les remplacer par une *cause* statique, par une force[1]. Supprimez cette notion de force, tirée d'un langage fautif, vous ne songerez plus à rechercher les *causes premières* (!) et à discuter leur nature. L'homme n'a fait que des *constatations* ; il n'a vu que des transformations de mouvement, il n'a jamais vu de forces ; la notion de force découle uniquement d'un langage qui n'a rien de précis, mais qui est commode pour les relations entre hommes.

1. V. *Les Lois naturelles*, *op. cit.*, chap. xv. La notion de force en mécanique.

Il est bien facile de voir que l'erreur individualiste[1] a été la mère des Dieux comme elle a été la mère des *forces* ou des *causes anthropomorphiques* ; si, en effet, l'erreur individualiste était assez difficile à commettre quand il s'agissait d'individus réels et dont les changements étaient évidents, la notion qui en découlait pouvait au contraire admirablement s'appliquer à des entités imaginaires dont l'observation directe était impossible; et c'est ainsi que les Dieux, acteurs du monde, furent immuables et immortels quoique leur modèle eût été calqué sur des animaux qui n'*agissent* qu'en se modifiant et qui sont condamnés à mourir: les Dieux, comme les forces, sont des entités *statiques* et *actives*, deux qualités qui, si l'on s'en tient à l'observation des choses observables, sont évidemment contradictoires.

Et puisque l'homme change et meurt, une fois que les divinités ont été créées définitivement avec leur caractère d'immutabilité, il a bien fallu se résigner à constater la différence entre le modèle variable, l'homme, et la copie imaginaire statique, le Dieu ; alors on s'est tiré d'affaire en imaginant dans le corps de l'homme, mécanisme changeant, une divinité active et immortelle, l'âme. L'âme avait bien l'homme primitif pour modèle, mais en passant par le modèle imaginaire Dieu, elle a acquis une immortalité que n'avait pas l'homme, et c'est ainsi que l'homme a un corps mortel et une âme immortelle.

1. V. *L'Individualité*. Paris, Alcan.

Le langage individualiste, transformé en langage animiste, est devenu, par là même, d'une *rigueur* que ni l'observation ni l'expérience ne peuvent battre en brèche ; car si l'on pouvait tout à l'heure arguer des variations de l'homme pour combattre l'erreur individualiste, on ne peut plus rien trouver à dire à l'affirmation qu'il y a dans l'homme une entité statique active qui est à chaque instant la *cause* de tout ce que l'homme fait. Tout ce que l'on peut répondre aux animistes, c'est que l'observation et l'expérience permettent de *raconter* les actes des hommes comme une série de faits matériels qui s'enchaînent et que, par conséquent, tout se passe sous nos yeux comme si l'âme n'existait pas ; elle existera néanmoins longtemps encore dans notre imagination anthropomorphique et cela suffit.

Ainsi, nous comprenons bien comment l'homme a peuplé l'univers et lui-même d'entités statiques anthropoïdes, les *forces* ou *causes*, les *âmes*, les *Dieux. Pour le faire il n'a eu qu'à appliquer à la narration de l'activité universelle le langage individualiste erroné qui est si commode dans les relations entre les hommes.*

Son observation et son expérience ne vont jamais jusqu'à ces entités statiques ; il ne peut en constater que les *effets*, et, par conséquent, ces entités lui sont *inaccessibles* ; elles constituent la *métaphysique* ou mieux la *métanthropie*. L'homme peut donc discuter à perte de vue sur la *nature*, sur l'*essence* de ces entités ; c'est pure logomachie ;

il ne sait constater que des choses constatables et *en observer l'enchaînement;* sa nature d'homme lui interdit toute autre connaissance du monde.

Mais enfin, me dira-t-on, quand vous voyez que quelque chose bouge, vous vous demandez *pourquoi!* Cela est vrai; les enfants aussi demandent le *pourquoi*, l'explication de tout. L'homme naît aujourd'hui métaphysicien parce que ses ancêtres l'ont été et ont appelé *explications* les narrations en langage individualiste ; je suis métaphysicien parce que mes ancêtres ont été anthropomorphistes et m'ont légué un langage qui me permet de me poser les questions auxquelles ils ont cru répondre ; et quand je vois des corps en mouvement, je puis être tenté par mes instincts héréditaires de rechercher derrière ces corps quelque chose qui, comme dit Leibnitz, « aye du rapport aux âmes » ; mais mon éducation scientifique fait que je me ressaisis immédiatement et que je me demande l'origine de la notion d'âme; les raisonnements que je viens de faire m'amenant à constater que cette notion d'âme provient de l'erreur individualiste, je renonce à l'exploiter et je renonce en même temps à me poser la question que je me posais.

Je constate aussi que, cette notion d'âme ayant, sans contredit, une origine biologique, c'est la biologie et non la physique qui peut relever les erreurs commises dans sa fabrication ; et je renonce avec une certaine tristesse à *l'explication* du monde, car mes ancêtres ont cru fermement qu'ils la possédaient et m'ont transmis le besoin instinctif de la rechercher; je serais donc désolé de troubler dans leur quiétude ceux qui croient l'avoir trouvée.

Je leur dirai d'ailleurs, en toute sincérité, que je ne suis pas sûr que leur explication soit mauvaise; ils y sont arrivés, il est vrai, en partant d'une erreur, mais il n'est pas impossible (quoique cependant cela soit peu vraisemblable), que ce point de départ erroné les ait conduits à une vérité qui a du moins l'avantage de ne pouvoir, *a posteriori*, être l'objet d'un contrôle quelconque.

Je préfère pour ma part, me résigner à ne rien *expliquer*, mais cette résignation serait douloureuse à beaucoup, du moins à notre époque, et ceux-là doivent être reconnaissants aux illuminés plus ou moins fantaisistes qui ont imaginé la seule démonstration (?) possible du système métaphysique, la *révélation*.

Peut-être quelques générations rationalistes suffiraient-elles à faire disparaître de l'hérédité des hommes ce besoin métaphysique[1], mais il faudrait pour cela que le langage aussi fût modifié, et je constate que les créateurs d'une langue nouvelle formée de toutes pièces, et prétendue *logique*, l'*espéranto* n'ont songé qu'à traduire, le plus fidèlement possible, toutes les erreurs ancestrales que nous a transmises notre langage courant.

1. Voyez plus loin, chap. xiv, la manière dont une habitude héréditaire a fatalement produit une conception métaphysique; nous venons de voir dans le présent chapitre l'origine *individualiste* de certaines entités métaphysiques; nous trouvons plus loin comment la fixation des *caractères psychiques acquis* a donné à ces caractères l'aspect de quelque chose *d'absolu*.

Et d'ailleurs, constatant la place que tient aujourd'hui, dans la vie des hommes, ce besoin métaphysique ou sentiment religieux, on est en droit de se demander si sa suppression rapide n'entraînerait pas, dans le fonctionnement individuel, certains troubles redoutables ; l'homme est le produit du passé ; il se sert à chaque instant, pour la conservation de sa vie dans le milieu ambiant, de tous les outils qui sont à sa disposition, et il faut bien reconnaître que quelques-uns de ces outils proviennent d'erreurs ancestrales ; si ces outils étaient tout à fait isolés, leur disparition ne serait pas dangereuse, mais quelques-uns d'entre eux sont tellement enchevêtrés dans d'autres outils indispensables, que l'ablation des premiers pourrait nuire, provisoirement au moins, au fonctionnement des seconds.

C'est ainsi que beaucoup de gens sont persuadés que la morale, dont nous étudierons tout à l'heure la genèse sociale, est inséparable du sentiment religieux, parce que ses formules, ses lois, sont édictées dans le langage métaphysique. Il faut donc se demander si, en touchant au sentiment religieux on ne nuira pas à la morale.

A mon avis, la morale s'en trouvera modifiée et deviendra autre ; peut-être y aura-t-il une période d'incertitude et d'agitation, mais ce sera comme la convalescence qui suit l'ablation d'une tumeur abdominale ; plus la tumeur était ancienne, plus elle avait pris de place dans la coordination générale et plus grands seront, par conséquent, les troubles qu'entraînera sa suppression; mais la convalescence aura une fin; il se produira un nouvel état d'équilibre, une nouvelle coordination, différente de l'ancienne, débarrassée en tout cas du danger croissant que constituait la présence de la tumeur.

En ce moment de l'histoire de l'esprit humain, le développement de l'éducation scientifique montre à un nombre croissant d'individus le mal fondé des croyances théologiques; beaucoup d'ignorants, auxquels on enseigne l'incrédulité, commencent à supporter mal « qu'on veuille abuser de leur ignorance pour les mettre dedans »; il est donc à craindre que, voulant se débarrasser des erreurs, ils renoncent en même temps à des nécessités de l'organisation sociale, parce qu'ils les confondront avec des commandements de l'Église.

De même donc que, pour l'ablation d'une tumeur, il est préférable de s'adresser à un habile chirurgien, de même il est à souhaiter que les philosophes consacrent toute leur activité à débarrasser la morale de sa coloration religieuse; si on laisse faire l'opération par les foules ignorantes, il est probable qu'elles enlèveront à la fois la couleur et le morceau; il faut que les hommes les plus instruits préparent pour leurs congénères plus ignorants, une morale indépendante et qui n'ait rien à redouter de l'effondrement des dogmes.

CHAPITRE XII

LA MORT

§ 38. La peur de la mort.

Quoique la mort soit un des phénomènes indispensables à la vie, puisque, la quantité des substances nutritives étant limitée, la vie d'un individu est sans cesse subordonnée à la mort de plusieurs autres, quoique la mort soit aussi ancienne que la vie, *l'être vivant n'a pas l'expérience de la mort*. Du moins n'en a-t-il pas l'expérience personnelle; il n'en a pas non plus l'expérience ancestrale, puisque, si des milliers et des milliers de ses ancêtres sont morts, aucun d'eux n'est mort avant d'avoir donné naissance à l'individu qui le suivait dans la lignée descendante; l'être vivant actuel, homme ou brin d'herbe, est l'extrémité d'une lignée qui, depuis l'apparition de la vie, n'a jamais été interrompue par la mort.

Dans le courant d'une vie d'homme, il peut bien se produire une mort provisoire, momentanée, une syncope, mais cette mort n'est pas suffisamment prolongée pour entraîner la mort élémentaire des tissus; il n'y a pas mort chimique, sans quoi la mort serait définitive. Et, précisément, la syncope entraîne la suppression de la mémoire, de sorte que même cette syncope, image de la mort vraie, ne laisse aucune trace dans l'expérience humaine ; *aussi, l'homme ne croit pas à la mort.*

Au contraire, le sommeil lui laisse un souvenir suffisant pour qu'il ait l'expérience du sommeil ; il croit donc au sommeil et il y voit *à tort* l'image de la mort ; image grossière et lointaine s'il en fût, mais qui tient à ce que l'homme ne peut connaître la mort qu'en dehors de lui ; et comme, de loin, il ne sait pas toujours distinguer un individu endormi d'un individu mort, il compare au sommeil *des autres* la mort *des autres*. Il ne croit pas à sa mort personnelle ; il n'a pas l'expérience de la mort.

Et, cependant, il se dit qu'il mourra un jour, parce qu'il voit mourir tous les êtres vivants comme lui ; mais, comme il ne peut pas pénétrer dans la subjectivité de ces êtres autres que lui-même, il n'a pas la connaissance personnelle de la mort et d'ailleurs, la mort entraînant la suppression de la mémoire, de la connaissance, l'expression « connaissance personnelle de la mort » ne signifie rien.

L'homme est désarmé devant la mort par une inexpérience fatale. Aussi est-ce surtout relativement à la mort qu'il a accueilli de tout temps les croyances les plus extravagantes. Nous avons vu précédemment comment l'invention des entités statiques a conduit naturellement à la théorie de l'immortalité de l'âme ; la même théorie s'est trouvée corroborée par le fait que l'homme, dépourvu d'expérience personnelle de la mort, ne peut pas croire à la mort; du moins ne peut-il pas s'imaginer sa mort, ainsi que je l'ai déjà fait remarquer autrefois : « Il vous est aussi impossible, disait M. Tacaud[1], de vous imaginer une interruption dans l'existence de votre *moi*, qu'il vous est impossible de vous imaginer sa suppression définitive par la mort. Dire « pendant que j'étais en syncope » est une aussi grande absurdité que le « je suis mort » d'Edgar Poë[2]. *Je* est incapable d'être en syncope, puisque, pendant la syncope, il n'y a plus de *je* ; en employant le mot *je*, auquel vous attribuez, malgré vous, une existence continue et définitive, vous ne pouvez pas raconter, ni par suite vous imaginer, un phénomène dans lequel votre *je* serait précisément interrompu. Il est impossible, quand on parle à la première personne, de ne pas croire à l'immortalité et à la continuité du moi. » Et ailleurs : « *Je suis mort*, est la plus grande sottise que puisse formuler notre langage, si commode cependant pour dire des sottises. *Je* est incapable d'être mort, puisque *je* est la résultante de la vie[3]. »

L'homme n'a pas l'expérience de la mort et ne peut pas s'imaginer sa mort, et cependant il sait

1. *Le Conflit, op. cit.*, p. 163.
2. Edgard Poë. *Le cas de M. Waldemar* : « Tout à l'heure, je dormais, et maintenant, je suis mort! »
3. *Le Conflit, op. cit.*, p. 141.

qu'il mourra et il a peur de la mort. Cette peur particulière est un sentiment complexe qu'il n'est pas inutile d'analyser.

Que l'homme ait peur de la mort dont il n'a pas l'expérience, cela ne peut pas nous étonner trop, puisque nous avons vu plus haut que la peur résulte d'une expérience incomplète ou nulle des événements ; or, si l'homme, par l'observation de ses semblables, sait qu'il mourra, il ne peut pas ordinairement prévoir quand il mourra ; cette incertitude suffit à être un élément de peur. Mais il faut remarquer que ce raisonnement est un pur sophisme, car si l'homme a peur des événements dont il n'a pas une expérience suffisante pour en prévoir le devenir, c'est qu'il ne peut rien faire pour en éviter les conséquences fâcheuses et il est évident que s'il connaissait d'avance l'heure exacte de sa mort, c'est que cette mort serait inévitable et qu'aucun événement intermédiaire ne pourrait en reculer l'échéance.

Dans certaines maladies, il arrive, dit-on, que l'on prévoit, avec une certaine approximation, l'échéance fatale ; encore reste-t-il toujours possible d'intervenir au moins pour abréger le délai. Le condamné à mort, auquel on signifie le rejet de son pourvoi, possède les éléments nécessaires pour prévoir la date exacte de sa décollation et je ne sache pas qu'il tire en général, de cette certitude, grand réconfort.

La prévision de la mort n'est intéressante que si elle donne le moyen de l'éviter, et, par suite, de rendre la prévision mensongère ; un homme qui est sur le passage d'un train rapide prévoit qu'il mourra s'il reste où il est, aussi profite-t-il de cette prévision pour se mettre à l'abri ; mais alors ce n'est plus la *peur* telle que nous l'avons définie, mais la crainte salutaire du danger et l'instinct de la conservation. Il faut donc chercher, dans nos idées mêmes sur la mort, l'origine de la peur de la mort ; je crois qu'on peut envisager la question à deux points de vue.

§ 39. La crainte de l'au-delà.

Shakespeare, dont les idées sur la mort mériteraient qu'on en fît une étude spéciale, a écrit après Bacon : « Les hommes craignent la mort comme les enfants redoutent l'obscurité. » C'est bien là, en effet, une *peur* qui entre dans le cadre de celles que nous avons définies précédemment, c'est une *défiance* de quelque chose d'inconnu ; de même que les enfants ne redoutent pas le *passage* de la lumière à l'obscurité, mais bien le séjour dans l'obscurité, de même les hommes redoutent, non pas seulement l'échéance même de la mort, dont nous avons parlé tout à l'heure, mais aussi ce qui se passe après cette échéance, ce qu'on a l'habitude d'appeler l' « au delà » et que le mysticisme de nos ancêtres a peuplé de fantômes.

L'idée de la survivance des âmes est le point de départ de toutes ces terreurs :

La notion de justice, dont nous nous occuperons

un peu plus tard, et qui a déterminé en grande partie l'enchevêtrement de la religion et de la morale, a été exploitée, dans un but excellent, pour amener les hommes à respecter les lois de leur société. Les Dieux, que l'homme avait créés inaccessibles, ont été doués, outre leurs autres attributions, de la faculté de juger les actes des vivants ; quoique la morale eût une origine purement sociale, on a supposé que les Dieux prenaient un grand souci de l'observance de ses lois ; on a imaginé qu'ils se trouvaient honorés par les hommes utiles à la société et qu'ils détestaient les criminels. Au respect des lois s'est substitué le respect des Dieux gardiens des lois, et cette substitution a été d'autant plus facile que les Dieux avaient été plus fidèlement calqués sur les hommes ; un acte agréable à la majorité des hommes, devenait ainsi naturellement un acte agréable aux Dieux, et si l'on s'en était tenu à ce point de départ, les religions n'eussent pas été nuisibles ; elles eussent été uniquement la traduction des lois sociales dans un langage particulier.

Mais, petit à petit, les prêtres ont trouvé commode de déclarer agréables aux Dieux certains actes inutiles ou mêmes nuisibles à la société, et l'obéissance aux prêtres s'est substituée à l'obéissance aux lois ; les conditions et les nécessités de la vie sociale changeant, le culte des Dieux s'est maintenu par une tradition inflexible et a fini par être, dans certains cas, en contradiction avec les besoins des hommes.

Quoi qu'il en soit, la notion des Dieux juges a fini par s'ancrer dans la mentalité des hommes, et, en même temps, la difficulté de connaître à chaque instant la volonté des Dieux [1] a créé chez nos ancêtres un état d'incertitude et de trouble.

A la mort, l'âme se trouvant libérée du corps et naturellement, par là même, inaccessible à notre observation humaine, entrait, au contraire, en commerce direct avec les Dieux qui sont de même nature qu'elle, et également invisibles et inaccessibles aux vivants. Dans ce commerce direct, les Dieux manifestaient aux âmes leur contentement ou leur mécontentement, et les récompensaient ou les punissaient suivant les cas. Je le répète, si les exigences des prêtres avaient conservé aux lois religieuses leur parallélisme avec les lois sociales, la crainte de l'au-delà eût pu être salutaire; mais, pour tirer profit de leur situation, ou peut-être simplement parce qu'ils faisaient les Dieux à leur propre image, les prêtres ont attribué aux Dieux une vénalité analogue à celle des mauvais juges; au lieu de se préoccuper d'obéir aux lois, les hommes, hantés par la peur, ont eu surtout le souci de graisser la patte aux Dieux par l'intermédiaire des prêtres; et la religion s'est trouvée ainsi en dehors de la morale, comme serait en dehors de la justice celui qui, passant sa vie à piller ses voi-

---

1. Le père Olivier a considéré comme une vengeance divine incendie du Bazar de la Charité où étaient réunies des personnes qui avaient l'illusion de faire le bien.

sins, offrirait au tribunal une bonne part de ses larcins[1].

« Il est difficile à un homme de te reconnaître, même au plus sage », dit un jour Ulysse à la déesse de la Raison. Il est difficile à un homme de savoir ce qu'il *doit* faire dans mainte circonstance, pour agir suivant la volonté des Dieux, et, par conséquent, l'idée du jugement de l'âme après la mort doit laisser flotter, dans la mentalité de son propriétaire, l'incertitude, source de la terreur. Malheureusement, cette terreur est aussi grande dans l'esprit du juste que dans celui du criminel, à cause des difficultés dont les prêtres ont entouré la compréhension de la loi.

Et c'est ainsi que la croyance à l'immortalité de l'âme a généralisé la peur de la mort ; cette peur est devenue universelle et a fini par se transmettre héréditairement sans conserver aucune trace de sa salutaire origine ; chez les populations mystiques, en Bretagne, par exemple, l'idée de peur et l'idée de mort sont devenues inséparables[2] : chose absolument déraisonnable, la peur de la mort a engendré la peur des morts ; les fantômes dont l'imagination ignorante peuple l'obscurité des crépuscules ne sont plus des génies malfaisants ; ce sont les âmes des trépassés, et, même si ces trépassés vous étaient chers, l'idée que leur âme peut

1. Socrate voulut, avant de mourir, payer à Esculape le coq qu'il lui devait. Était-ce une ironie du grand Sage ?

2. Même le cadavre d'un ami devient une chose effrayante pour le mystique.

se trouver sur votre route fait naître en vous une terreur stupide et maladive, d'autant plus épouvantable qu'elle n'a aucune raison d'être ; c'est le fonctionnement héréditaire de la « machine à avoir peur » dont j'ai parlé précédemment. Cette peur absurde et inutile a rendu fous bien des gens ; elle rend les autres idiots et en fait une proie facile pour les exploiteurs de crédulité ; voilà au moins une « peur » dont la science guérira les hommes.

§ 40. Le regret de la vie.

Une autre forme de la peur de la mort vient du regret de la vie et semble par conséquent indépendante de toute considération mystique.

La fable du Bûcheron prouverait même qu'elle est indépendante des joies de la vie et que l'existence la plus misérable est plus enviable que la mort ; cependant, il serait peut-être légitime de faire, dans cette parabole, la part de la peur de l'au-delà que nous venons d'étudier et dont bien peu de bûcherons sont débarrassés.

La mort de Socrate est un exemple salutaire, un grand enseignement pour les hommes, mais il n'est pas à craindre que la lecture de cet épisode glorieux de l'histoire humaine détermine une épidémie de suicides. Pour mourir comme Socrate, il faut avoir vécu comme lui ; seul peut accueillir la mort avec sérénité celui dont la vie est sereine.

Les excès du romantisme peuvent conduire à des suicides contagieux et sans philosophie ; la mort d'un Werther est la *vengeance* suprême d'un vaniteux qui s'est jugé méconnu ; quelles que soient d'ailleurs les couleurs dont se pare le suicide passionnel, il ne peut être admiré que des inquiets capables de l'imiter (et nous avons tous, à vingt ans, connu cette admiration), c'est la marque d'un individualisme excessif et prétentieux ; le suicidé passionnel a ordinairement la conviction qu'il prive d'un de ses membres les plus parfaits la société ingrate de laquelle il n'a pas obtenu ce qu'il croyait dû à son évidente supériorité.

L'erreur individualiste est tellement ancrée chez les hommes que, si elle n'est pas accompagnée d'une dose suffisante de modestie, elle entraîne forcément la crainte de la mort. « L'homme, dit un célèbre hygiéniste, doit à Dieu de prendre soin de l'enveloppe dans laquelle il a mis une âme. » Celui qui ne croit pas en Dieu juge souvent qu'il se doit à lui-même de conserver au monde un type supérieur d'humanité ; il me semble cependant que la constatation des changements constants qui se produisent en chacun de nous devrait nous guérir de l'erreur individualiste et nous empêcher de regretter d'avance la perte que sera pour le monde notre disparition : « Je me souviens, dit le raisonneur du « Conflit »[1], d'un abbé Jozon et d'un

---

1. *Op. cit.*, p. 167. Un peu plus haut le même raisonneur disait : « Vous qui avez eu des syncopes, vous savez maintenant que votre personnalité est discontinue, quoique vous ne puissiez pas vous l'imaginer, pas plus que vous ne pouvez vous imaginer être mort, n'être plus. Je vais plus loin et je prétends

Fabrice Tacaud jeune et vigoureux ; où sont-ils ceux qui se promenaient naguère dans les campagnes fleuries au bord de la Marne ? Ils sont morts ; ils ne sont plus ; et quand ont-ils cessé d'être ? A chaque instant, en se transformant en un autre Jozon et un autre Tacaud, et ainsi de suite, jusqu'à présent où nous les trouvons vieillis et philosophant en face de la mer bretonne, et ils continueront de mourir et de renaître jusqu'à la syncope définitive, qui n'est pas, subjectivement, plus importante que les autres. »

Que cette syncope définitive ne soit pas, subjectivement, plus importante que les autres, voilà, il me semble, une conviction qui, si elle s'imposait à notre raison, nous empêcherait de redouter la

---

que votre personnalité est actuelle et extemporanée ; ce que vous appelez votre vie est une série de vies momentanées successives, analogues aux images d'un cinématographe ; je parle naturellement de votre vie subjective, de celle que vous sentez, que vous vivez vous-même. Lorsque l'on fait fonctionner le cinématographe, si les tableaux se succèdent assez vite, on a l'illusion de la continuité, et cependant, entre deux tableaux voisins, il y a une période de vide, une syncope. De même chez nous : nous sommes une série de vies momentanées successives, séparées par des syncopes identiques à celles du cinématographe, mais beaucoup plus courtes, comme les tableaux qu'elles séparent. Notre *moi* est sans cesse variable : nous sommes à chaque instant, mais, l'instant d'après, nous sommes un autre ; c'est comme si, de chaque syncope, nous renaissions dans un sosie un peu différent. La série des sosies paraît continue, mais il n'y en a jamais qu'un de vivant, l'actuel : tous les autres sont morts ; nous passons notre vie à mourir. » (p. 166.)

mort plus que nous ne redoutons les changements quotidiens de notre *moi*.

Quant à ceux qui, jouissant d'un bon moment de la vie, se disent tristement que, une fois morts, ils ne connaîtront plus ces joies, ils peuvent être bien assurés aussi que, même vivants, ils ne goûteront plus jamais *les mêmes*. Ce regret est donc peu logique; or, ceux qui croient à l'anéantissement final ne peuvent pas non plus, sincèrement, me semble-t-il, craindre *de n'être plus*. Ou bien, c'est qu'ils cachent sans s'en douter, sous cette crainte, un reste inavoué de peur mystique. Quand Hamlet réfléchit au fameux « être ou n'être pas », il ajoute, du moins au Théâtre Français : « Mourir, dormir ! rêver peut-être ! » ce qui, à mon avis, est absurde après « n'être pas ».

§ 41. La liberté et la finalité.

En terminant cette revision des particularités les plus remarquables de la genèse de l'égoïsme, ou de l'individualisme, il n'est pas inutile de revenir quelque peu sur une conséquence nécessaire de notre conception de l'individu, je veux dire la *liberté individuelle* et aussi la *finalité*.

La finalité est, avons-nous dit précédemment, la plus complète expression de l'expérience du déterminisme acquise par nos ancêtres et par nous-mêmes. Et cela paraîtra sans doute extraordinaire à ceux qui considèrent le déterminisme comme opposé au finalisme et à la liberté. La seule liberté que l'on puisse reconnaître chez l'homme est exprimée par le fait qu'il peut, dans chaque cas, se servir *comme il le juge convenable* des outils qui constituent son mécanisme. Les éléments dont il se sert pour ce choix sont de deux sortes :

D'abord la certitude du déterminisme qui lui permet de prévoir que, sauf intervention d'accidents inattendus, tel état de son organisme résultera de telle opération ; c'est là le finalisme humain.

Ensuite le résumé de l'expérience ancestrale qui constitue sa logique et qui lui permet, dans son raisonnement finaliste, d'adapter les moyens à la fin. C'est là, en réalité, ce qu'on appelle l'intelligence ; nous avons déjà vu que Romanes définit l'intelligence « la faculté qu'a l'animal de tirer parti de son expérience ».

Ces deux particularités étant réunies dans l'animal, nous devons en parler (dans le langage individualiste, c'est-à-dire en commettant une erreur volontaire) comme s'il était capable de *commencements absolus*. Nous disons : « Dans telles circonstances, tel animal a *fait* telle chose ». Et puisque dans notre phrase l'animal *n'a pas changé*, il a introduit, dans le milieu, *quelque chose de nouveau ;* mais notre langage est incorrect quoique commode.

Si nous voulons être rigoureux nous devons dire : « De tel moment à tel autre, en présence de tels corps et de tels mouvements du milieu, *il s'est produit*, dans l'animal (qui n'est pas un mécanisme au hasard, mais le résultat d'une lignée ayant duré des milliers de siècles *sans mourir jamais*), il s'est produit dans l'animal, dis-je, des *changements* qui, grâce à la structure actuelle provenant des influences ancestrales et en particulier de l'expérience de ses ancêtres, ont transformé et déplacé son mécanisme d'une manière aussi avantageuse qu'il était possible [1] dans les circonstances actuelles pour la conservation de ce mécanisme et le renouvellement de son milieu intérieur. Ces changements qui se sont produits en lui, lui seul en a été à chaque instant tenu au courant de manière à prévoir dans certaines limites ce qui allait arriver ; tandis qu'aucun observateur autre que lui ne pouvait le deviner. Il était donc *libre* des appréciations de cet observateur et de tout autre vivant ; il agissait, sous l'influence de conditions données, d'après sa structure actuelle, c'est-à-dire pour des raisons qui étaient en lui et qui étaient inconnues de tout autre que lui. »

Dans ces conditions, il n'est pas étonnant que l'emploi prolongé du langage individualiste et la croyance à l'existence en lui d'une divinité statique, immuable quoique active, aient amené l'homme à l'illusion de la liberté absolue. Et ce qu'il y a de plus curieux, c'est que cette croyance est provenue chez lui de la constatation, tant ancestrale que

---

1. Pourvu, naturellement que ces circonstances soient analogues à celles dans lesquelles s'est exercée l'expérience ancestrale et ne contienne pas d'élément inconnu devant lequel la logique de l'individu serait désarmée.

personnelle, tant en lui-même que dans le milieu ambiant, d'un déterminisme sans lequel n'existeraient ni l'intelligence ni la science qui développe la liberté. Quand l'homme se croit capable de produire des commencements absolus, c'est exactement comme quand il croit savoir ce que c'est que *tomber* [1] d'une manière absolue, alors qu'il est évident que, en dehors de la surface d'une planète, le mot tomber ne signifie rien. C'est encore une notion métaphysique qui résulte d'une expérience ancestrale trop bien fixée dans notre hérédité [2].

1. V. plus haut, § 31.
2. V. cha

DEUXIÈME PARTIE DU LIVRE II

LE DÉVELOPPEMENT ANCESTRAL DE L'ALTRUISME ORIGINE DE LA MORALE

CHAPITRE XIII

L'ALTRUISME REPRODUCTEUR

§ 42. Individu et multiplication.

L'égoïsme ayant joué un rôle si important dans la formation des espèces, nous allons rechercher comment a pu se développer chez nous l'altruisme qui, au premier abord, lui paraît entièrement opposé; on peut en effet définir l'altruisme, le sentiment qui nous porte à tenir compte, dans nos actes, de l'égoïsme d'autrui, à respecter cet égoïsme au détriment du nôtre et à le prendre même pour mobile important de notre conduite.

Quelles que soient nos conclusions à cet égard, nous ne devons pas oublier que, si l'altruisme a sa place dans notre organisation, il ne s'y trouve qu'à côté d'un égoïsme indispensable à notre conservation, et même, soit dit pour ceux qui mesurent à l'ancienneté des institutions le respect que nous leur devons, l'égoïsme, primordial dans la vie, a certainement préexisté à l'altruisme, ce qui, pour les amis de la tradition, le rendrait particulièrement respectable.

Dès que nous observons avec soin une lignée continue quelconque, nous voyons immédiatement que l'égoïsme seul, au sens que nous avons précédemment défini, ne saurait en assurer la continuité ; en effet, l'assimilation, phénomène égoïste, conduit, par suite de la limitation du volume[1] des êtres vivants, à une *multiplication* (fatale au moins chez certaines espèces inférieures), de sorte qu'à un individu unique ayant une subjectivité unique, un moi unique, se substituent un certain nombre d'individus séparés ayant chacun son moi et se trouvant en concurrence immédiate dans le milieu d'où ils tirent tous leur alimentation.

La limitation de l'individu dans le temps et dans l'espace, nécessite sa reproduction sous peine de mort, c'est-à-dire, en parlant le langage égoïste ou individualiste, que chaque individu consacre forcément à la préparation d'individus *différents* une partie de la substance qu'il fabrique pour son usage personnel[2]. Et les *individus* nouveaux qui résultent

1. J'ai donné ailleurs une explication mécanique de cette limitation du volume des individus. V. *Traité de biologie*, op. cit., § 2 et § 90.

2. Nous verrons plus loin que, dans le cas de la génération sexuelle, ces éléments perdus par l'individu ne deviennent pas forcément le point de départ d'individus nouveaux.

de cette reproduction sont *séparés* du premier, n'ont plus rien de commun (subjectivement parlant) avec l'individu qui leur a donné naissance et qu'on appelle leur parent.

Dans certains cas même (reproduction par bipartition), l'individualité du parent disparaît dans la reproduction pour être remplacée par deux individualités concurrentes, par deux frères ennemis. Ainsi l'égoïsme parfait est interdit à l'individu par les conditions mêmes de sa vie ; il doit mourir au bout d'un certain temps et s'il a pu éviter de se reproduire effectivement, comme cela arrive dans les espèces sexuées que nous étudierons plus tard, sa lignée est interrompue et ne nous intéresse plus ; nous ne connaissons aujourd'hui que des êtres vivants provenant d'une lignée qui n'a jamais été interrompue par la mort et dont, par conséquent, aucun des membres successifs ne s'est soustrait à la nécessité de la reproduction ; en d'autres termes, tous les êtres aujourd'hui vivants descendent *d'égoïstes imparfaits*.

Il est indiscutable que la multiplication d'un individu dans un milieu limité est, à un certain point de vue, nuisible à cet individu ; si un puceron produit, par parthénogenèse, un grand nombre de pucerons semblables à lui, ce seront autant de concurrents juxtaposés sur la feuille dont tous devront tirer leur nourriture, et il serait, du moins au point de vue économique, évidemment préférable pour le puceron parent de pouvoir, devenu adulte, conserver pour lui tout seul la feuille qui lui assure une large hospitalité ; si cela n'est pas possible, si sa nature n'est pas devenue telle au cours des générations successives, c'est que, nous l'avons vu, la sélection naturelle ne connaît pas les individus ; ses effets améliorants n'ont pour cause que la continuité des lignées ; si dans certains cas les individus en profitent dans leur organisation, c'est en tant que chaînons d'une lignée que les perfectionnements individuels rendent plus apte à prospérer dans un milieu donné.

Il est certain aussi que si la multiplication était *trop* nuisible à chaque individu, parent ou rejeton, elle entraînerait la mort de tous et il y aurait suppression de la lignée, qui, par suite, ne nous intéresserait plus. Donc, quand nous observons aujourd'hui un être vivant, c'est-à-dire provenant d'une lignée ininterrompue, nous avons le droit d'affirmer, d'une part, que tous ses ancêtres se sont reproduits, d'autre part, que, à aucun moment de son histoire ancestrale, la reproduction n'a entraîné une multiplication incompatible avec la survie de quelques-uns des individus.

Enfin, si, dans certains cas, la multiplication a pu être *utile* aux individus, il est certain que cela a été doublement favorable à la conservation de la lignée. Il est difficile, en se plaçant au point de vue strict de la quantité d'aliments disponibles dans un milieu, de concevoir que la multiplication des individus puisse devenir avantageuse à chacun ; et cependant nous constatons dans bien des circonstances que, là où un individu unique d'une espèce ne peut pas vivre, une petite colonie de ces individus réussit à s'implanter ; pour prendre un exemple dans les espèces les plus simples, ne constatons-nous pas qu'un microbe injecté seul à un mammifère disparaît sans postérité, tandis qu'une quantité suffisante des mêmes microbes réussit pour quelque temps du moins à prospérer dans l'organisme et à le rendre malade.

C'est que, pour continuer de vivre, il ne faut pas seulement trouver des matières alimentaires ; il faut encore résister à certaines causes de destruction, et l'exemple des microbes nous prouve que, là où un individu succombe, une certaine troupe d'individus peut prospérer *provisoirement*.

Je spécifie que cette utilité du grand nombre est provisoire ; la multiplication peut arriver à annuler cette utilité et même à la transformer en nocuité, à cause de la limitation des aliments, si aucun phénomène n'intervient ; mais, du moins, pendant cette période provisoire, la lignée a été ininterrompue, et l'histoire de toutes les lignées est faite de périodes provisoires successives que les variations du milieu ont amenées à se succéder d'une façon continue.

Ainsi, même dans le cas d'individus *tous semblables*, comme les microbes dont nous venons de parler, une action collective peut être utile à chacun des membres de la collectivité, parce que la simple addition des phénomènes *spécifiques* de résistance à une cause destructive, rend cette résistance plus efficace. Chez des êtres plus élevés en organisation, nous constatons des phénomènes analogues; une bande de loups, introduite dans un pays, viendra à bout, plus vite qu'un loup isolé, des ennemis naturels de l'espèce loup; libre à eux, ensuite, de s'entre-dévorer si le pays leur fournit une alimentation insuffisante; la communauté des besoins et des aptitudes créant à tous les loups les mêmes ennemis, il est naturel que leur action contre ces ennemis soit *de même nature* et, même sans qu'intervienne aucun *sentiment* de fraternité, prenne provisoirement l'aspect d'une coopération.

La coopération est plus évidente et plus réelle dans le cas où, non contents de se défendre contre des ennemis communs, les individus d'une même espèce ont à soustraire, à des concurrents d'espèce différente, les matières alimentaires réparties dans leur canton; car il ne faut pas oublier que la matière alimentaire, la matière susceptible de servir à la fabrication de substance vivante, n'est pas, en général, inoccupée; elle fait ordinairement partie d'êtres vivants variés, dont chacun tire la couverture à soi et assimile, pour son compte, dans le milieu universel; sous certaines formes, elle est inutilisable pour les individus d'une espèce donnée, soit parce qu'elle est effectivement impropre à l'alimentation de cette espèce (l'herbe pour les loups, la chair des animaux pour les herbivores, etc.), soit parce qu'elle est inaccessible à ses individus (la chair des oiseaux pour les requins, celle des loups pour les renards, etc.).

Indépendamment donc de la défense d'une

espèce contre d'autres espèces, l'activité d'un individu d'une famille peut être également profitable à tous ses congénères, quand cette activité, soit transformatrice, soit collectrice, a pour résultat d'augmenter la quantité de matières alimentaires utilisables ou de diminuer celle des matières inaccessibles.

C'est ainsi qu'entre en jeu la notion de *travail*.

Les abeilles *accumulent* dans leur ruche des matériaux alimentaires recueillis à de grandes distances et *transforment* d'autres matériaux de manière à en faire une nourriture excellente pour les jeunes. Tant qu'il n'y a pas trop d'abeilles dans un pays, chacune d'elles, recueillant plus de matériaux qu'elle n'en consomme, est un élément de prospérité pour la colonie; quand le nombre des ouvrières devient trop grand, il se forme un essaim qui va chercher fortune ailleurs.

Ainsi, dans certains cas, la fatalité qui pousse l'individu à se multiplier, porte en elle le correctif, au moins provisoire, de ce que cette multiplication a de contraire à l'égoïsme; ce correctif consiste en ce que le travail de chacun peut être utile à tous les membres de la colonie qui résulte de la multiplication. Il devient particulièrement important quand le perfectionnement de l'espèce permet, entre les divers individus, la division du travail. Il était avantageux pour les hommes des cavernes d'avoir des enfants dont les uns chassaient, d'autres pêchaient, d'autres recueillaient des fruits. Mais si plusieurs familles humaines se trouvaient dans le voisinage l'une de l'autre, elles pouvaient se trouver en concurrence économique et par conséquent arriver à s'entre-détruire ; il est probable que ce qui a créé entre les diverses familles d'hommes le premier lien de solidarité a été la lutte nécessaire contre des ennemis communs et redoutables ; celui qui tuait un grand félin rendait service aussi bien aux clans voisins qu'à son propre clan.

Je n'ai pas à rechercher ici les origines — fort peu connues d'ailleurs, — des sociétés humaines [1] ; il me suffit d'avoir montré comment on peut concevoir que l'égoïsme bien compris ait été le point de départ d'associations ; je vais maintenant m'occuper de rechercher quelle a dû être la conséquence, pour la mentalité héréditaire des hommes et des animaux sociaux, du fait qu'ils ont vécu en société pendant un très grand nombre de générations.

1. J'ai exposé ailleurs quelques considérations sur les associations entre espèces différentes. V. *Traité de biologie, op. cit.*, § 116.

CHAPITRE XIV

LES CARACTÈRES ACQUIS ET LA GENÈSE DE L'ABSOLU

§ 43. La fraternité.

Dans une lutte de chaque jour contre des ennemis redoutables, les hommes, surtout s'ils étaient en petit nombre dans un canton, ont dû se considérer les uns les autres comme des alliés utiles ; la vie de chacun des associés est devenue précieuse aux autres et, malgré des retours d'égoïsme féroce qui, en cas de contestation, ont pu amener des drames terribles, l'association quotidienne a dû créer, peu à peu, dans la mentalité héréditaire de l'espèce, une *habitude* qui est devenue indépendante des conditions économiques, la fraternité ou amour du prochain.

C'est là un des phénomènes les plus curieux de l'histoire des êtres vivants, *la genèse, par une habitude prolongée et héréditaire, d'un* SENTIMENT *qui fait partie intégrante du mécanisme des individus et qui existe, par suite, en eux,* indépendamment des conditions mêmes dans lesquelles cette habitude est née.

J'ai déjà insisté précédemment sur le plus frappant de ces exemples, la genèse, par l'expérience prolongée de la pesanteur, de l'idée de chute, ou, si l'on préfère, du sentiment de chute, qui finit par exister dans la mentalité de l'homme indépendamment de ses rapports avec la Terre et qui constitue, par suite, dans notre mentalité innée, l'erreur de la croyance à la valeur *absolue* du mot *tomber*. M. Bergson prend de même, comme point de départ de sa métaphysique, l'idée de mouvement, qui est née en nous de notre expérience du mouvement relatif des corps par rapport à nous, mais qui a fini par exister *en nous* et qui nous donne ainsi la croyance erronée de notre connaissance du mouvement absolu.

Au fond, c'est là la définition même de ce qu'on appelle en Biologie un *caractère acquis*.

Que, sous l'influence de certaines conditions passagères, une certaine modification passagère se produise dans un organisme, modification passagère qui disparaîtra quand aura disparu l'ensemble des conditions dont elle est provenue, ce ne sera pas là, à proprement parler, un caractère *acquis*. Mais, que les mêmes conditions se trouvent réalisées pendant longtemps, pendant un grand nombre de générations de l'espèce étudiée, le caractère définitivement acquis, fixé dans l'hérédité de l'espèce, se manifeste ensuite chez les individus de cette espèce, **indépendamment des conditions extérieures dans lesquelles il a été acquis;** ce caractère, résultant des RELATIONS prolongées d'un individu avec un milieu, et ayant par suite une valeur *relative*, se transmettra aux individus ultérieurs de l'espèce, **avec l'aspect d'un caractère absolu**. C'est l'histoire de toute la métaphysique.

L'enfant, qui n'a pas encore eu le temps de corriger, par l'expérience personnelle de la relativité de sa connaissance du monde, l'illusion d'absolu que lui donnent ses idées innées, est donc forcément métaphysicien; bien des gens le restent toute leur vie, sauf peut-être pour quelques erreurs trop grossières, comme celle de la valeur absolue du mot tomber; encore Chateaubriant a-t-il parlé, après Dante, de la pluie qui, observée du bord du monde, tombe goutte à goutte dans l'infini !

La transformation, en idées innées dont l'aspect absolu est fatal, de certaines conquêtes de l'expérience ancestrale (expérience veut dire relation), explique le désaccord qui se manifeste, de nos jours, entre ceux qui croient à la morale absolue et ceux qui prétendent baser la morale sur l'utilité.

Il s'agit de s'entendre sur les mots.

Si l'on définit la morale, l'ensemble des lois auxquelles doivent se soumettre les individus vivant en société, il est évident que la meilleure morale est celle qui rendra l'individu le plus heureux possible dans la société la plus prospère possible; il faudra que cette morale fasse le départ le plus avantageux entre les concessions que l'individu doit faire à la société et celles que la société doit faire à l'individu. Cette morale sera donc basée sur l'utilité ; sans quoi elle serait mauvaise.

Mais quand on parle de morale, on pense généralement à la morale innée que chacun porte en lui et qui lui permet d'apprécier, dans chaque cas, le *bien* et le *mal*, indépendamment de leur utilité immédiate, qui lui dicte, en un mot, son *devoir* sans aucun souci d'utilité actuelle. Cette *conscience morale* qui existe en chacun de nous, tant par hérédité que par tradition, a l'aspect métaphysique des caractères acquis, fixés dans les espèces **indépendamment des circonstances qui ont déterminé leur acquisition.**

Chacun de nous croit donc qu'il y a un *bien* et un *mal* absolus, indépendants des contingences. L'idée de *devoir* est, dans notre conscience morale, souvent opposée à ce que les circonstances extérieures nous montrent être pour nous d'un intérêt immédiat, et c'est là précisément ce qu'objectent les métaphysiciens aux partisans de la morale de l'intérêt. Il n'y aurait aucune difficulté à résoudre si l'on distinguait la *morale* telle que nous l'avons définie, de la *conscience morale*, caractère ancestral acquis. Et puisque les conditions de la vie des hommes ont *entièrement* changé, il serait fort possible que, si des sages arrivaient à établir aujourd'hui la morale la plus avantageuse pour le bonheur des individus dans une société prospère, cette morale se trouvât en contradiction, sur un grand nombre de points, avec les enseignements de notre conscience morale héréditaire.

Mais alors, elle ne serait pas bonne ! Car l'homme actuel est un composé de mécanismes qui tous, utiles ou nuisibles, font, au même titre, partie de son individu. Si l'homme, pour être heureux, a besoin de se nourrir confortablement, de ne pas souffrir du froid, etc., il a besoin aussi d'avoir la *conscience tranquille*, et, par conséquent, une morale qui, tout en lui assurant les conditions économiques les plus avantageuses, heurterait de front quelques-unes de ses idées innées les plus chères, ne saurait assurer son bonheur.

L'homme est, a-t-on dit, un étrange animal ; peut-être d'autres animaux sociaux sont-ils, comme lui, un ramassis de contradictions ; cela se comprendrait aisément si, dans leur histoire ancestrale, il s'était produit de grands changements des conditions économiques. Dans tous les cas, le problème des législateurs est d'assurer à l'homme *tel qu'il est* les plus grandes chances possibles de bonheur. Cependant, s'il devenait évident que certains caractères de l'organisme humain sont franchement nuisibles aujourd'hui à la prospérité sociale, on pourrait se proposer d'essayer de les faire disparaître, et c'est là une œuvre révolutionnaire.

Chacun de nous peut se proposer de tenter sur lui-même cette opération ; le développement de la logique par l'éducation scientifique permet en effet à quelques-uns de *raisonner* leurs sentiments au lieu de leur attribuer une valeur absolue, et de n'en tenir compte que relativement aux circonstances ;

mais malgré la force de la logique, il y a un conflit douloureux entre la tendance raisonnée et la tendance sentimentale. Le moyen d'éviter ce conflit dans l'avenir serait de ne pas développer par l'éducation, chez l'enfant, les parties de la conscience morale qui nous paraissent aujourd'hui contraires à la saine raison ; car nous ne devons pas nous dissimuler que ces vieilles habitudes, qui sont devenues nos sentiments les plus tyranniques, si elles nous sont sans doute, pour une grande part, transmises héréditairement, nous sont en outre inculquées dans le jeune âge par nos anciens ; la tradition s'ajoute à l'hérédité de telle manière que nous ne pouvons pas savoir quelle est, dans la genèse de nos sentiments individuels, la part qui revient à l'un ou à l'autre de ces facteurs.

Mais pour obtenir que l'éducation des enfants fût faite de cette manière logique, il faudrait d'abord convaincre tous les hommes de notre génération de l'absurdité de certains sentiments auxquels ils tiennent souvent surtout en raison de leur absurdité ; et si le conflit se manifeste, douloureux, dans la mentalité de l'homme instruit qui arrive à raisonner ses sentiments, il se manifestera probablement, plus aigu encore, entre les ignorants amis de la tradition et les savants révolutionnaires.

Je n'ai d'ailleurs pas à rechercher, dans ce livre, des remèdes à l'état actuel des choses, mais bien à exposer comment, à mon avis, les influences ancestrales nous ont faits ce que nous sommes, tant par l'hérédité que par la tradition. Et si l'on veut bien admettre ce que j'ai essayé d'établir tout à l'heure au sujet de l'aspect métaphysique que, par définition même, prennent les caractères réellement acquis, je crois qu'il sera facile de ne pas être embarrassé par les discussions des partisans de la morale absolue et des champions de la morale de l'intérêt.

La morale absolue est le résultat de la fixation, dans notre organisme, d'une morale basée autrefois sur l'intérêt et qui peut être aujourd'hui en désaccord, à cause du changement des circonstances, avec l'intérêt individuel ou social ; voilà ce que je voudrais avoir montré dans ce chapitre.

§ 44. Le sentiment religieux.

L'invention des Dieux[1] a donné une forme particulière à la notion humaine du bien et du mal ; ces entités dirigeantes ont été douées, par nous, hommes, d'une conscience morale calquée sur la nôtre et sont devenues, naturellement, les arbitres des mérites des hommes. En d'autres termes, une fois que, par fixation progressive dans notre hérédité, certaines nécessités utilitaires contingentes ont pris le caractère métaphysique d'entités absolues, une fois qu'elles sont devenues de la même nature que les Dieux, l'observance de leurs commandements a pris un caractère religieux ; on a eu peur, en désobéissant aux ordres de sa cons-

---

1. V. plus haut, § 39.

cience morale, de déplaire aux Dieux arbitres du bien et du mal.

En fait, les commandements des Dieux ont compris, chez tous les peuples, les plus importantes des lois sociales ; il est vrai qu'avec ces lois sociales, et même toujours *avant* elles, il y avait dans ces commandements des articles relatifs à la peur même qu'inspiraient les Dieux ; il fallait *d'abord* adorer les Dieux, les flatter et leur offrir des sacrifices, pour se les rendre favorables, propices, comme des juges vendus ; moyennant le bénéfice qu'ils retiraient de cette première partie du programme, les prêtres se chargeaient volontiers de surveiller les autres et considéraient comme un crime punissable une infraction aux lois de la société. Il va sans dire qu'entre un honnête homme impie et un pieux larron ils n'hésitaient pas souvent, à moins d'être, par hasard, eux-mêmes, des modèles de probité.

Quoiqu'il en soit, le sentiment moral et le sentiment religieux se sont aisément confondus à cause de leur commune nature et c'est pour cela que tant de gens croient aujourd'hui à l'impossibilité d'une morale sans religion[1]. Je le répète, il faut s'entendre sur les mots ; la morale est l'ensemble des lois de la société ; ces lois sont bonnes ou mauvaises, suivant qu'elles ont ou n'ont pas pour résultat le maximum de bonheur individuel

1. Les saints laïques comme Littré sont, il est vrai, assez rares, mais leur existence devrait suffire à montrer que l'altruisme est indépendant de la foi.

avec le maximum de prospérité sociale ; chacun peut les discuter et se proposer, s'il y trouve des améliorations, de les faire accepter par ses congénères ; mais tant que les lois sont en vigueur il s'expose, en ne s'y soumettant pas, à des représailles de la part de ceux qui les acceptent.

Il n'y a pas d'impératif qui ordonne l'obéissance aux lois ; il y a seulement la loi du plus fort qui fait que certains individus, se trouvant bien du régime actuel, sont capables de l'imposer à ceux qui, s'en trouvant mal, essaient de le renverser. Or, il arrive que le sentiment religieux est forcément toujours d'accord avec le régime qui a été longtemps en vigueur, car si la conscience morale résulte de la fixation de l'habitude d'une certaine législation, c'est précisément dans cette législation que les hommes ont puisé les éléments avec lesquels ils ont défini la volonté des Dieux.

Dans une société quelconque, la religion se trouve donc gardienne de la tradition, et c'est pour cela que les révolutionnaires ont toujours besoin de lutter contre les religions ; si, d'ailleurs, un révolutionnaire réussissait, ce serait en substituant une religion à une autre, comme l'a fait Jésus-Christ ; car, pour les hommes ignorants, la forme de loi la plus facile à saisir et à appliquer est celle qui prend la forme religieuse et qui, par conséquent, exploite une peur irraisonnée plus puissante que la crainte du gendarme. L'histoire du christianisme est d'ailleurs très curieuse à cet égard, car, si son fondateur a été un révolutionnaire dans toute la force du terme, on sait comment ses successeurs ont trouvé le moyen de se servir de la formule chrétienne pour conserver, (avec une apparence un peu différente peut-être,) les parties de l'ancienne législation qui étaient le plus opposées à la doctrine de Jésus-Christ. C'était d'ailleurs une condition de vie pour la nouvelle religion ; on ne renverse pas en quelques jours des habitudes séculaires ; et grâce à ces compromis qui ont assuré vingt siècles d'existence à la religion dite chrétienne, c'est surtout contre les commandements de cette religion que luttent aujourd'hui des révolutionnaires ayant, sur beaucoup de points, le même programme que le Christ.

§ 45. La justice.

Le rôle des conceptions métaphysiques dans les revendications sociales est évident.

C'est au nom d'un *idéal* de *justice* que s'agitent les révolutionnaires ; il est bon de se demander quel est, dans les phénomènes ancestraux, le point de départ de cette notion du juste et de l'injuste qui, dans la conscience de chacun, est aussi absolue que celle du bien et du mal.

La justice est le respect des *droits* de chacun ; mais d'où a pu provenir cette notion des *droits* individuels ? Le seul droit que connaisse la Biologie est le droit du plus fort ou, plus précisément, du plus apte ; encore n'y a-t-il là qu'une définition *a posteriori* ; quand nous constatons qu'un individu a prospéré, là où d'autres individus sont morts, nous déclarons, sans avoir à craindre de nous tromper, qu'il était plus *apte* que les autres à prospérer dans les conditions considérées ; or, nous remarquons, à chaque instant, que des êtres meurent là où d'autres continuent à vivre, et que, par conséquent, les aptitudes des êtres sont *différentes* ; en d'autres termes, ce que nous trouvons de plus évident dans l'observation de la nature, c'est que les êtres sont *inégaux*.

Les loups mangent les moutons, les moutons mangent l'herbe ; l'inégalité est partout, et les phénomènes naturels sont des conflits d'égoïsmes ; nous n'avons aucune raison de dire que l'herbe a *le droit* de vivre, que le mouton a *le droit* de vivre ; ce sont là des mots qui ne correspondent à rien de réel, et dont cependant bien des littérateurs ont fait des phrases ronflantes ; car il est évident que si le loup a *le droit* de vivre, il ne peut exercer son *droit* qu'à la condition de ne pas respecter le même *droit* chez les moutons qui eux-mêmes ne le respectent pas chez l'herbe dont ils se nourrissent.

La lutte pour l'existence est la négation des droits égaux de chacun, ou, si l'on préfère, l'affirmation du droit du plus fort. Et par conséquent, si nous trouvons une signification réelle à cette notion métaphysique de *justice* et de *droit*, nous ne pourrons pas l'étendre à l'ensemble des êtres vivants ; c'est en effet nous allons le voir, une notion purement humaine, mais, comme les notions *acquises* et transmises héréditairement, elle prend, nous l'avons expliqué plus haut, un caractère absolu ; nous nous *étonnons* donc après coup, de constater que la *justice immanente* dont nous avons doté l'univers, n'est pas respectée dans l'ensemble des êtres vivants.

Ce n'est évidemment pas de la vie individuelle ou égoïste qu'a pu provenir la notion de justice avec laquelle elle est en contradiction patente ; c'est encore une résultante de la vie sociale prolongée pendant un nombre considérable de générations ; or, si nous nous imaginons les sociétés primitives sur le modèle de nos sociétés modernes, nous devons constater qu'il est bien difficile d'y trouver une égalité de droits individuels capables de servir de point de départ à l'établissement d'une notion de justice. Les individus sont différents, ont des aptitudes différentes et se trouvent, de plus, placés, par le hasard de la naissance, dans des conditions d'inégalité de lutte qui doivent faire saigner le cœur d'un observateur épris de justice sociale. Tout au plus sont-ils, dans quelques pays au moins, à peu près égaux devant la mort, c'est-à-dire que le meurtre d'un homme est interdit, si misérable qu'il soit.

Il est vraisemblable que les inégalités entre hommes ont toujours été fort accusées ; mais nous concevons que, dans un clan formé d'un certain nombre d'individus, il y ait eu utilité, pour chacun, à ne pas entraver et même à favoriser le travail, *utile au clan*, de n'importe lequel de ses membres.

Chacun profitant du travail de tous, l'égoïsme de chacun trouvait un avantage dans ce régime altruiste ; de plus, les luttes intestines représentant autant de pertes pour la communauté, à cause du gaspillage d'énergies utilisables, une convention tacite (peut-être même maintenue au moyen de sanctions pénales instituées par les anciens du clan) a fait que chacun a respecté, à charge de revanche, l'égoïsme de son voisin. C'est de l'*habitude* prolongée de ce respect de l'égoïsme de chacun qu'est née petit à petit, dans la mentalité des hommes (et probablement de tous les animaux sociaux), la notion métaphysique des *droits* des individus et de la *justice* ou respect de ces droits.

Comme nous l'avons maintes fois vu précédemment, cette notion métaphysique, avec son caractère absolu, s'est trouvée indépendante des contingences ; elle a même, chose curieuse, pris dans sa forme héréditaire une rigueur qu'elle n'avait jamais eue au début de son histoire ; la notion de l'*égalité* des hommes est née petit à petit, de l'habitude de respecter l'égoïsme de chacun dans une société dont tous les membres étaient forcément inégaux[1].

Au cours des siècles, cette notion métaphysique d'égalité, d'abord limitée aux membres d'un clan, a fini, dans le cerveau humain, par prendre un

1. Dans un autre ordre d'idées, j'ai montré ailleurs (*Les Lois naturelles*, op. cit.), que l'observation prolongée de cas approchés de déterminisme a fait naître chez l'homme la notion salutaire du déterminisme absolu.

caractère définitivement absolu et par être appliquée à tous les hommes, quels qu'ils fussent. L'altruisme de certains d'entre nous va même plus loin et s'étend aux animaux dont l'exploitation est nécessaire à la vie de l'homme; il y a des gens qui ne veulent pas manger de viande parce qu'ils ont le sentiment du respect absolu de la vie; si une telle sentimentalité se manifestait chez les loups, ce serait la fin de l'espèce; si le respect de la vie s'étend, chez les végétariens, à la vie des végétaux, ils devront mourir de faim. Ainsi, la transformation, en sentiment métaphysique, d'une convention qui, primitivement, ne visait qu'à la protection de l'égoïsme, peut arriver finalement à menacer cet égoïsme même.

Nous ne devons pas trop regretter le développement progressif de cette *sensiblerie* chez certains individus, car il ne faut pas oublier que si des sentiments altruistes se manifestent forcément chez tous les animaux ayant longtemps vécu en société, ils coexistent avec des sentiments égoïstes aussi vigoureux pour le moins et plus anciens. Le proverbe : « Charité bien ordonnée commence par soi-même, » établit les droits imprescriptibles de l'égoïsme; et si, chez quelques individus, l'égoïsme est un peu exagéré, il n'est pas mauvais que, chez d'autres, l'altruisme le soit également.

« Pour obtenir des hommes le simple devoir, a dit Renan, il faut leur montrer l'exemple de ceux qui le dépassent; la morale se maintient par les héros. » Dans chacun de nous, il y a des tendances antagonistes, plus ou moins fortes suivant les hasards de notre naissance, l'égoïsme et l'altruisme, et nous agissons, dans chaque cas, après avoir tenu compte, suivant notre nature, dans la mesure qui nous convient, de chacune de ces deux tendances. Le résultat du conflit entre les deux tendances est variable suivant les individus; chez quelques-uns l'égoïsme l'emporte, ceux-là sont les forts et les cruels; chez d'autres l'altruisme prédomine; ce sont les timides et les doux; ils sont les dupes des premiers, mais s'en consolent par la satisfaction de leur conscience.

Les hasards de l'amphimixie que nous étudierons un peu plus loin, et aussi les effets de l'éducation, déterminent, chez chacun de nous, ce qu'on appelle le caractère individuel, et qui est éminemment variable avec les individus; une solide instruction, développant la raison, permet quelquefois à certains hommes de s'abstraire de leur caractère, de juger avec leur logique et non avec leur tempérament; ce sont les philosophes, les sages; mais leurs jugements doivent être souvent discutables, car il y a trop d'éléments en jeu et la raison ne peut les envisager tous; on raisonne *incomplètement;* c'est pour cela que tous les philosophes ne sont pas d'accord.

D'ailleurs, les *passions* des hommes sont des éléments importants, dont chacun tient compte, dans ses raisonnements, *suivant sa nature;* de sorte que les raisonnements sociologiques n'ont pas, en général, le caractère d'impersonnalité qui seul donne à une conclusion une valeur scientifique. Les anarchistes, par exemple, prétendent que les hommes sont assez altruistes pour qu'aucune répression ne soit utile; cela prouve simplement qu'ils le sont eux-mêmes particulièrement et voilà tout.

Cette question de la répression m'amène à parler d'une question connexe, celle de la responsabilité. Je vais d'abord essayer de le faire dans le langage de la logique pure, sans donner aux facteurs métaphysiques de nos jugements la valeur qu'ils méritent cependant, du moins quand, dans l'état actuel de l'humanité, on veut discuter les choses humaines et les relations des hommes entre eux.

§ 46. La responsabilité individuelle [1].

On nous parle sans cesse de responsabilités atténuées; la question est à l'ordre du jour et, tout récemment encore, une cause célèbre a été le point de départ de longues et savantes discussions sur le rôle de la suggestion dans le crime. Tout cela peut paraître fort clair à ceux qui croient que l'homme est libre; il n'en est pas de même pour les déterministes, car enfin, avant de rechercher si la responsabilité d'un individu est susceptible de se trouver atténuée par certaines circonstances, peut-être convient-il de se demander ce que c'est que la responsabilité, et même s'il y a une responsabilité.

1. Tout ce paragraphe a paru dans les *Annales de la jeunesse laïque*, mai 1904.

L'homme est le produit de l'hérédité et de l'éducation ; j'entends, par hérédité, l'ensemble des propriétés de l'œuf dont l'homme provient, et par éducation l'ensemble des circonstances qu'a traversées l'œuf depuis sa formation ; l'homme est le produit de ces deux facteurs et de ces deux facteurs seulement.

Qui est responsable de l'hérédité ? Personne ! Le hasard ! Quand deux êtres collaborent à une fécondation, chacun d'eux apporte à l'œuf ses propriétés personnelles héréditaires ; mais ils ne savent pas pour cela quel sera le résultat de l'opération ; l'œuf aura des propriétés à lui, une hérédité à lui et qui dépendra non seulement des hérédités paternelle et maternelle, mais encore de la manière dont ces deux hérédités se sont mélangées, des proportions dans lesquelles les deux éléments sexuels se sont fondus. Tel autre élément génital venu du père (et il en fournit des millions à la fois) eût procuré à l'œuf des propriétés toutes différentes ! Si deux parents ont obtenu une première fois un beau rejeton, bien doué sous tous les rapports, demandez-leur donc de lui donner un frère qui lui ressemble ! Ils fabriqueront peut-être un avorton ou un idiot ! Et même si on les considérait *a priori* comme responsables de leurs actes, ils ne seraient pas responsables du résultat de leur collaboration, du moment que le hasard leur interdit de le prévoir ! Cela ne les empêchera pas d'ailleurs d'être fiers de leur fils aîné et honteux du cadet. De tels sentiments sont naturels à l'homme.

Qui est responsable de l'éducation ? J'ai posé intentionnellement la question sous cette forme, car elle montre bien le raisonnement vicieux de ceux qui parlent de responsabilité avant de s'être demandé s'il en existe. L'éducation, ensemble des circonstances qu'a traversées l'œuf depuis sa formation, est d'une complexité qui défie toute analyse. Dans l'éducation interviennent des hommes et des choses, ou, d'une manière plus précise, des êtres vivants et des objets inanimés; et les derniers ne sont pas moins importants que les premiers. Une tuile qui vous tombe sur la tête est un sérieux facteur d'éducation, et personne évidemment n'en est responsable, quoique bien des gens soient prêts à vous dire : « Il ne fallait pas rester dessous ! »

A cause de la faculté d'imitation, si prodigieusement développée chez les individus de notre espèce, le rôle des êtres vivants est, dans notre éducation, d'autant plus important qu'ils nous ressemblent davantage et que, par conséquent, nous avons plus de facilité à les imiter ; nos semblables, les autres hommes, tiennent incontestablement le premier rang à ce point de vue et le langage articulé décuple immédiatement leur influence sur nous. C'est pour cela qu'on restreint souvent le sens du mot « éducation » aux facteurs humains de l'éducation, et cela est souverainement regrettable au point de vue de la précision scientifique.

« Dis-moi qui tu hantes et je te dirai qui tu es ! » Cette formule très usitée, et qui donne aux facteurs humains de l'éducation une importance devant laquelle disparaît celle de l'hérédité même, est entièrement opposée à cette autre : « *Qualis pater talis filius* », qui affirme avec aussi peu de raison la toute-puissance de l'hérédité ; cela n'empêche pas qu'on emploie les deux successivement, suivant les besoins de la cause ; et ainsi l'on se tire toujours d'affaire.

Non seulement l'homme est uniquement le produit de son hérédité et de son éducation, mais encore, l'acte qu'il commet à un moment donné est entièrement déterminé par son état personnel à ce moment précis et par les circonstances ambiantes ; or, il n'est pas responsable des circonstances ambiantes, il n'est pas responsable non plus de son état actuel qui provient de son hérédité et des circonstances qui ont entouré sa vie passée ; il n'y a pas de responsabilité !

Et cependant, si je marche sur le pied de quelqu'un par mégarde, ce n'est certainement pas la même chose que si je le fais intentionnellement. Dans le premier cas, même si je lui fais beaucoup de mal, ma victime ne m'en gardera pas rancune ; dans le second cas, même si la douleur a été insignifiante, je serai considéré comme coupable et traité comme tel ; et ce qu'il y a de plus remarquable, c'est que je trouverai cela parfaitement légitime.

Or, dans les deux cas, j'aurai été également conduit par les circonstances, mais, dans le premier cas, cela aura été plus évident que dans le second.

Dans le premier cas, ce sera même la faute de l'offensé si, remarquant que j'avançais sans le voir, il n'a pas retiré son pied avant que je marche dessus ; si lui non plus ne m'a pas vu venir, ce ne sera la faute de personne et cependant le mal aura été fait.

Dans le second cas, j'aurai aperçu d'avance mon partenaire, et l'état de mon individu, à ce moment donné, se sera trouvé tel que j'aurai été amené, précisément par sa vue, au désir de lui marcher sur le pied ; ce désir résulte chez moi de phénomènes de mon éducation passée. Il est possible que, dans mes souvenirs, il reste une certaine rancune contre le personnage que je vois actuellement, et alors sa vue suffira à éveiller en moi le désir de lui marcher sur le pied. Ou bien, sans que je le connaisse d'avance, son aspect me sera immédiatement assez antipathique pour déterminer le mécanisme que je suis au moment considéré à lui faire un affront en lui marchant sur le pied. Il est évident que si je raconte les choses de cette manière, *qui est la bonne*, l'offensé sera aussi responsable que moi de l'accident arrivé : ôtez l'un de nous deux, il n'y aura plus affront. Et cependant je recevrai peut-être un soufflet, et ce sera là une excellente chose pour l'avenir, car si je rencontre une seconde fois le même homme, le souvenir du soufflet sera un nouveau facteur d'action qui suffira peut-être à me décider à me retenir, en admettant que l'envie me prenne, cette fois encore, de lui faire du mal.

Ce serait là une excellente chose si l'intéressé agissait vraiment dans ce but philosophique d'introduire dans mon éducation un nouveau facteur profitable pour lui ; mais, le plus souvent, cela n'aura pas lieu ; il ne raisonnera pas comme je viens de le faire dans les lignes précédentes ; il concevra de la haine pour moi et tiendra à se venger de moi absolument comme si j'étais responsable ; mais n'ai-je pas moi-même agi aussi peu philosophiquement en lui marchant sur le pied, comme s'il était responsable d'avoir une figure qui me déplaît !

La société humaine agit le plus souvent sans aucune philosophie ; ses lois sont destinées à *punir le coupable* et non à *réparer des mécanismes* dont le fonctionnement s'est montré dangereux dans certaines circonstances. Et, malgré cela, il y a un certain parallélisme entre la manière dont on juge l'individu considéré comme responsable et celle dont on le traiterait dans le seul but de le modifier favorablement en vue de la vie sociale.

Si, par exemple, un individu tombant d'un échafaudage a tué un passant sans se faire du mal, on l'acquittera du fait d'homicide, parce qu'on ne le considérera pas comme responsable de l'accident. On arriverait au même résultat en remarquant que le mécanisme cérébral du meurtrier n'est pas intervenu dans la perpétration du meurtre et que, par conséquent, il serait tout à fait illogique de corriger par une condamnation un mécanisme cérébral qui est peut-être excellent. La seule chose qui serait légitime, serait de le corriger de son poids, de le rendre impondérable pour que, dans une nouvelle occasion, sa chute fût inoffensive, mais il ne saurait y avoir là la moindre idée de punition...

Si un fou a tué un homme dans un accès, on l'acquittera comme irresponsable, et l'on se contentera de l'interner pour l'empêcher de nuire à lui-même et aux autres. On arriverait exactement à la même conclusion en disant que le mécanisme cérébral du meurtrier n'est pas susceptible d'être amélioré par une condamnation ; que son état de folie l'empêcherait précisément de tirer parti du souvenir d'une condamnation passée au point de reculer une seconde fois devant un nouveau meurtre, et on l'internerait comme incorrigible ; il serait également logique de le tuer, si on avait la conviction que c'est le seul moyen de le guérir. Dans tous les cas, il s'agirait de le guérir de sa folie et non de corriger la partie de son mécanisme qui est spécialement relative au meurtre commis.

Un véritable impulsif doit également être considéré comme irresponsable ; dans notre langage logique, nous dirons que, si cet individu a été amené à commettre un meurtre dans certaines circonstances, aucun raisonnement n'aurait pu, par définition même de l'impulsif, le détourner d'obéir à son impulsion. Il est donc inutile d'introduire, pour l'avenir, dans son mécanisme, le souvenir d'une condamnation qui ne saurait jouer dans aucun cas, chez lui, un rôle inhibitif. J'ai connu un chien qui, très doux en général, avait pour un de ses congénères une horreur *insurmontable;* chaque fois qu'il le voyait, il sautait dessus et essayait de le dévorer; les raclées les plus consciencieuses ne purent le corriger. Son maître se décida enfin à corriger l'*autre* chien pour l'empêcher de revenir dans son voisinage et l'ordre fut rétabli.

Un homme qui agit sous l'influence de la suggestion est absolument comparable à un impulsif; il obéit passivement à son maître, et aucune faculté inhibitrice n'existe plus chez lui.

Tous les cas que nous venons de passer en revue et qu'on appelle les cas d'irresponsabilité, sont donc traités par la justice comme il convient de le faire en bonne logique, quoique la forme du langage juridique soit toute différente, dans ses considérants, de celle des raisonnements que nous venons d'exposer. La loi parle toujours du coupable à punir, et, dans les cas précédents, admet simplement qu'il n'y a pas à punir, parce qu'il n'y a pas culpabilité. Passons maintenant au cas des individus qui sont considérés comme responsables, c'est-à-dire à ceux dont le mécanisme cérébral est sain.

Un homme dont le mécanisme cérébral est sain est celui qui est capable de comprendre un raisonnement et d'en tenir compte dans ses actes. En d'autres termes, tous les raisonnements qu'on a tenus devant lui pourront intervenir comme mobiles dans ses actes ultérieurs ; quelques-uns de ces raisonnements le pousseront à agir d'une certaine manière, d'autres l'en détourneront, et le résultat dépendra de la nature, de la structure actuelle de l'individu, structure dans laquelle tels ou tels mobiles l'emporteront sur tels ou tels autres. La structure de l'homme dépend de son hérédité et de son éducation ; les mobiles qui l'influencent dépendent des conditions actuelles et aussi de son hérédité et de son éducation ; on ne saurait donc, en bonne logique, le considérer comme responsable.

Les lois ont pour but d'introduire dans le mécanisme cérébral des hommes sains un certain nombre de considérations destinées à peser sur leurs déterminations, dans chaque cas, de manière à les faire agir conformément aux conventions de la société dont ils font partie. Et s'il n'y avait, dans l'éducation de l'homme, d'autres mobiles que ceux qui proviennent du souci d'obéir aux lois, nous serions tous comparables aux impulsifs ou aux suggestionnés dont je parlais tout à l'heure ; mais cependant, si les lois étaient bonnes, le résultat en serait tolérable ; la connaissance des lois finirait même par devenir héréditaire, et la société humaine serait analogue à la cité des abeilles, dans laquelle chacun n'a jamais envie de faire que ce qu'il doit faire précisément.

Mais nous n'en sommes pas là ! Chacun de nous tient, de son hérédité et de son éducation (surtout de son hérédité, puisque des êtres ayant subi même éducation diffèrent quelquefois considérablement à ce point de vue), une sorte de tribunal intérieur qu'il appelle sa conscience morale et avec lequel il apprécie ce qui est bon et ce qui est mal, ce qui est juste et ce qui est injuste.

« Ne juge pas si tu ne veux pas être jugé », a dit un sage ; et ce sage n'a pu s'empêcher cependant de juger et de juger sans cesse, en promettant des récompenses incalculables à ceux qui acceptaient sa manière de juger. Aussi a-t-il été jugé lui-même à son tour et mis en croix. Nous n'aurons pas la prétention d'être plus sages que lui et nous continuerons de juger puisque cela est dans la nature de l'homme.

La justice, dont nous avons l'idée innée, veut que chacun soit traité suivant ses mérites, et nous nous réservons d'apprécier les mérites de chacun au moyen de notre conscience morale, qui juge en dernier ressort ; « on ne peut contenter tout le monde », dit le proverbe, et cela prouve que les tribunaux individuels sont différents ; cette constatation devrait suffire à nous empêcher d'attribuer à notre conscience morale une valeur absolue, mais nous ne nous y résignerons pas facilement.

Au contraire, ce sentiment que nous avons du juste et de l'injuste est ce que nous trouvons de meilleur en nous ; quand nous avons imaginé un Dieu, nous lui avons prêté une justice infinie et il a commencé par préférer Abel à Caïn, ce qui était profondément injuste, puisqu'il les avait créés tous deux avec leurs qualités et leurs défauts, mais ce qui était aussi profondément humain.

Notre logique nous apprend qu'il n'y a pas de responsabilité absolue, donc pas de mérite, et cependant nous aimons certains êtres et nous en détestons d'autres, et nos sentiments nous sont bien plus chers que nos raisonnements : « Si nous comprenions, dit Anatole France, la figure des âmes comme les figures de la géométrie, nous n'aurions pas plus d'animosité à l'endroit d'un esprit trop étroit qu'un mathématicien n'en montre contre un angle qui, faute de cinq ou six degrés d'ouverture, n'a pas les propriétés de l'angle droit. » Et cependant nous avons des affections et des haines ; le sentiment est l'ennemi de la raison.

Certains philosophes, remplis de bonnes intentions, ont essayé de lutter contre la sévérité de la justice et d'apitoyer les juges par la considération de l'irresponsabilité des criminels. « C'est, disent-ils, la société qui est coupable des crimes des malheureux. » Ces sages ont raison, mais ils ne vont pas jusqu'au bout de leur thèse et ils n'accepteront pas de le faire. Même, ils n'ont pas toujours prêché d'exemple, et tel bon juge a accablé de son mépris le mauvais juge qui, cependant, n'est, lui aussi, qu'un criminel irresponsable ; peut-être arriverait-on cependant à les guérir de cette erreur de raisonnement s'il n'en résultait pas immédiatement ceci (et c'est là une conclusion de leur thèse, mais ils ne l'accepteront pas) c'est que eux, les bons juges, ne sont pas supérieurs aux mauvais juges. Il veulent bien supprimer la responsabilité du mal, et ils ont raison, mais ils veulent conserver la responsabilité du bien ; ils veulent avoir du mérite ! Oh ! ceci est tellement humain qu'on ne peut songer à le détruire sans détruire l'humanité tout entière. Et, cependant, c'est illogique ; la logique nous tromperait-elle donc ? Le déterminisme ne serait-il qu'une approximation, qu'une illusion ?

Non ! mais le langage déterministe est différent du langage humain, et voilà le nœud de la question. L'homme change à chaque instant ; l'homme est une succession de mécanismes *différents* et le langage déterministe ne peut raconter l'activité d'un homme sans faire remarquer que, à chaque instant, ce n'est plus le même homme. En particulier, il sera impossible à un déterministe de complimenter un homme au sujet d'une action à laquelle un de ses prédécesseurs, dans le temps, a pris part ; un général est déclaré *grand* parce qu'il a remporté une victoire ; on ne dit pas un *grand* canon de celui qui a tué un chef ennemi, et cependant le canon a moins changé que le général.

Le langage humain, au contraire, en attribuant à un homme un nom invariable pendant toute sa vie, établit une solidarité absolue entre tous ses actes passés, présents et futurs. Qui de nous n'a été peiné de voir s'asseoir, à quatre-vingts ans, sur les bancs de la cour d'assises, le grand Ferdinand de Lesseps ?

De même qu'un homme qui a été déclaré grand

reste grand toute sa vie, de même un homme qui a volé une fois reste toute sa vie un voleur[1] ; et cependant il peut arriver que l'ancien voleur soit devenu plus honnête que l'ancien grand homme ; cela devrait même arriver si les lois étaient bien faites, c'est-à-dire si, au lieu de songer à punir, elles se préoccupaient de corriger les mécanismes dans la mesure du possible ; un voleur qui récidive fait le procès de la loi qui l'a condamné. La justice serait bonne (je ne dis pas qu'elle serait juste ; l'idée du juste et de l'injuste n'a, nous l'avons vu, aucun fondement logique), la justice serait bonne, dis-je, si elle se proposait de guérir les malfaiteurs de leur déterminisme malfaisant ; au lieu de cela, elle *punit* au nom d'un idéal qui ne rime à rien de réel et elle introduit, dans les facteurs d'action du condamné, d'une part, le souvenir d'une punition qui le rend peut-être plus mauvais, d'autre part une tare sociale qui dure autant que lui et l'empêche d'agir en honnête homme s'il l'est devenu.

Mais qui de nous acceptera de n'être pas une personne qui se perpétue dans le temps, d'être seulement un phénomène extemporané, sans cesse variable ? Nous renoncerons bien à oublier ce qui nous abaisse, mais nous retiendrons ce qui nous élève ; au contraire, nous retiendrons, de l'histoire individuelle de nos congénères, uniquement ce qui les dégrade, car l'abaissement de l'un fait l'éléva-

1. Nous sommes plus indulgents pour les chiens, une fois que nous les avons corrigés nous ne leur gardons pas rancune.

tion de l'autre par contraste ; ce sont les voleurs qui font les honnêtes gens.

Le langage humain est le langage du sentiment et non celui de la logique ; c'est pour cela qu'il est humain de parler de responsabilité, quoiqu'il soit illogique de le faire ; il est humain de parler de mérite et de punition et de conserver à chacun un nom invariable à travers tous les avatars de son existence. Le langage humain sert surtout aux relations entre les hommes, et il est inutile que ces relations soient logiques ; les erreurs y jouent un rôle égal et même supérieur à celui des vérités ; pour avoir le droit de nier la responsabilité des autres, il faudrait renoncer à la sienne propre et par conséquent à être un homme supérieur. Personne ne l'acceptera tant que les hommes n'auront pas changé, et ce que nous savons de l'évolution de notre espèce ne semble pas prouver que le règne de la raison soit proche ; les hommes ne seront jamais logiques, et peut-être devons-nous nous en réjouir, car ce serait bien ennuyeux !

CHAPITRE XV

LA VÉRITÉ HUMAINE

§ 47. De l'importance qu'il faut accorder aux sentiments dans la législation.

J'ai reproduit intégralement, au paragraphe précédent, un article que j'avais publié avant d'entreprendre cette étude d'ensemble des influences ancestrales. Je l'ai reproduit à dessein pour montrer comment, en voulant être logique, on est quelquefois incomplet. Lorsqu'on veut apprécier la valeur de règles qui établissent actuellement les relations d'homme à homme, il faut tenir compte de tout ce qui, *actuellement,* fait partie de la structure de l'homme. Et l'on ne saurait se refuser à admettre que, dans la conscience morale de l'homme, existent les notions métaphysiques de juste et d'injuste, de bien et de mal, de culpabilité et de punition.

Qu'il faille souvent se défier de ces notions et des mobiles que nous pouvons y puiser, je crois l'avoir suffisamment montré en exposant leur origine ; un homme qui sera forcé par les circonstances de commettre, dans un but que sa logique lui impose impérieusement, quelque chose que sa conscience morale réprouve, n'en sera pas aussi attristé s'il se dit que sa conscience morale, héritage d'une époque passée, peut n'être plus adéquate aux circonstances actuelles. Il faut donc, tout en constatant que la nature humaine contient ces notions, et que, par conséquent, elles doivent jouer un rôle dans les relations entre hommes, ne jamais oublier que leur caractère absolu est le résultat d'une illusion.

C'est à ce point de vue que toutes les considérations précédentes sur la genèse de nos sentiments métaphysiques sont d'une utilité incontestable ; elles nous empêchent de voir dans ces sentiments des guides impeccables.

Qu'est-ce d'ailleurs que la vérité ?

Ne nous laissons pas entraîner à la recherche illusoire d'une vérité métaphysique absolue. De même que la logique, résultat de l'expérience humaine, permet d'établir, entre les objets définis à l'échelle humaine, des relations qui sont à l'usage de l'homme, de même la vérité, dans les relations des hommes entre eux, doit être à l'échelle de l'homme et formée d'éléments humains. Tout à l'heure, par exemple, je disais après bien d'autres, que c'est la société qui est coupable des crimes des malheureux. Avant de rechercher si c'est la société ou le criminel qui est coupable, il faut se demander s'il y a une culpabilité absolue, autrement la question ne signifie rien ; et si l'on connaît l'origine évolutive de cette notion de culpabilité, la seule question qu'on puisse se poser en bonne logique est de rechercher ce qui vaut le mieux pour l'ensemble des hommes, et d'établir des lois en ne tenant compte des idées métaphysiques qu'autant qu'elles interviennent comme facteurs dans les déterminations humaines.

Une loi doit être avantageuse pour les hommes, et non satisfaire un idéal discutable de justice. Nous tuons les chiens enragés et nous avons raison, quoiqu'il n'y ait là aucune justice, puisque ces amis de l'espèce humaine ne sont en aucune manière responsables de la maladie dangereuse qu'ils ont contractée à leur insu, et même quelquefois en défendant leur maître contre un ennemi redoutable. Il y a donc des lois dans lesquelles le souci de l'avantage à obtenir l'emporte sur les influences sentimentales.

La notion de responsabilité, courante parmi les hommes doit être prise en considération, mais à condition qu'elle serve seulement à établir le départ entre les actions conscientes et les actions involontaires et que, surtout, on n'hésite pas, si elle gêne le législateur dans la recherche du mieux, à se rappeler qu'elle n'a aucune valeur absolue et à en faire bon marché. Tant que les conditions où elles ont apparu n'auront pas été trop profondément modifiées, quelques unes de nos notions métaphysiques pourront être d'un bon emploi courant, pourvu que nous n'oubliions jamais que nous avons le droit de discuter leurs ordres. Or, c'est précisément ce que n'admettront jamais les fervents adeptes de la métaphysique, et cependant, chacun d'eux aura été probablement maintes fois douloureusement ému en se trouvant dans la nécessité d'agir autrement que ne le lui ordonnait une conscience morale tyrannique. Un exemple malheureusement courant est celui des jeunes gens qui sont tiraillés entre le souci de respecter la volonté de leurs parents, d'une part, et un autre sentiment également puissant d'autre part; quoiqu'ils fassent, ils sont malheureux. L'affection que nous avons pour nos parents (ou pour ceux qui nous en ont tenu lieu, car cette affection ne tient pas, comme on l'a souvent prétendu, aux liens du sang), est le résultat de l'habitude que nous avons prise de bonne heure, de les considérer comme les guides de nos actions et de leur obéir en tout, à une époque où notre raison n'était pas encore assez développée pour se suffire à elle-même. Plus tard, cette affection et cette soumission sont devenues des caractères acquis et persistent, quoique n'étant plus indispensables[1], de même que persistent tous les caractères vraiment acquis, *indépendamment des conditions extérieures.*

Comme les enfants diffèrent de leurs parents, il peut y avoir conflit entre les tendances du fils et les ordres du père, et ce conflit est d'autant plus violent que, si l'habitude a développé la soumis-

---

[1]. Au contraire, quand nous élevons un chien, nous lui restons toujours indispensables et l'autorité que nous acquérons sur lui ne cesse jamais d'être légitime; aussi devenons-nous un dieu pour lui; le sentiment religieux est, chez mon chien, le respect de mon autorité incontestée.

sion chez le premier, elle a également développé l'autorité chez le second. C'est surtout aux époques de transition, comme celle que nous traversons actuellement, que les générations qui se suivent ne ne ressemblent pas ; aussi, bien rares sont les familles dans lesquelles il n'y a pas eu de lutte douloureuse ; on peut trouver dans ces luttes une image fidèle de celles qui se produisent dans chaque individu entre la conscience morale et la raison.

§ 48. Le progrès.

Du moment que l'on s'est rendu compte de la manière dont s'est introduite, dans la conscience humaine, la notion de bien et de mal, de devoir, de justice, de perfection, on ne peut plus accorder au mot *progrès* une signification absolue ; il est évident que chacun appréciera, d'après ses tendances personnelles, les améliorations de la société dont il fait partie et que ce qui sera progrès pour l'un sera au contraire, pour l'autre, une transformation déplorable.

Tant que l'espèce humaine a été en lutte avec les autres espèces animales pour la suprématie dans le monde, les hommes ont dû considérer comme des progrès toutes les découvertes qui ont augmenté leurs moyens d'action contre des concurrents redoutables ; mais ce n'a jamais été là qu'une définition *humaine* du progrès. Aujourd'hui, l'homme est définitivement le roi du monde à cause de sa science et des instruments au moyen desquels il a su décupler sa vigueur native. Il ne saurait donc plus être question de progrès à accomplir par rapport aux autres animaux ; on doit désormais réserver cette dénomination de progrès aux modifications qui, augmentant le patrimoine humain, rendent les sociétés plus prospères. Encore faut-il que la prospérité qui croît dans les sociétés ne s'accompagne pas d'un amoindrissement du bonheur des individus. Il y aura toujours là matière à appréciation personnelle et je ne veux pas m'attarder à discuter ces appréciations.

Une des conséquences du fait que l'homme est devenu le roi du monde, c'est que quelques unes des particularités acquises par notre espèce, au cours de ses premières luttes contre les animaux, n'ont plus aujourd'hui de raison logique d'exister ; cela ne les empêche pas d'ailleurs de faire partie intégrante de nos individus et d'être au premier rang des facteurs de nos déterminations. Plus elles ont pris la forme métaphysique, plus elles sont devenues *indiscutables* ; ainsi la notion de fraternité, héritage d'une époque où il fallait s'unir contre un ennemi spécifique, est devenue une notion absolue qui n'a pourtant plus de raison d'être dans la lutte entre exploiteurs et exploités.

Suivant les remous de l'histoire, nous voyons naître, de temps en temps, entre certains groupes d'hommes, une fraternité momentanée résultant d'une coalition contre des ennemis communs, mais, comme les ennemis communs sont également des hommes, et que la coalition ne dure pas un grand nombre de générations, cette fraternité de groupe n'a pas le temps de devenir une notion métaphysique indiscutable.

C'est ainsi que l'idée de patrie, quoique fortement ancrée chez la plupart des hommes, n'est pas aussi indéracinable que l'idée de justice ou de. de devoir; le même homme peut d'ailleurs faire partie de deux coalitions différentes, avoir deux patries, et l'attachement qu'il porte à l'une nuit forcément à l'attachement qu'il conserve pour l'autre.

Par exemple, le catholique français peut être tiraillé entre les obligations que lui dictent son patriotisme et son attachement à l'Eglise, lorsque les intérêts de l'Eglise se trouvent en conflit avec ceux de la France, et rien n'est plus curieux que la prétention des prêtres affirmant que sans le catholicisme, il n'y a pas de patrie possible. Du moment que les adeptes d'une religion formeront une *église*, cette église sera différente de leur patrie et lui nuira ; à moins que l'on institue des religions d'Etat ; mais nous sommes trop individualistes pour les accepter, et nous ne devons pas oublier que l'égoïsme coexiste en nous avec l'altruisme...

§ 49. L'art.

Du moment que l'homme a graduellement conquis la prépondérance incontestée à la surface de la Terre, du moment qu'il n'a plus eu à lutter sans cesse contre des ennemis qui lui disputaient sa

nourriture, il a pu avoir des *loisirs* ; c'est-à-dire
que le travail nécessaire à son alimentation et sa
coopération à l'œuvre économique de la société
lui ont laissé plus de temps qu'il ne lui en fallait
pour se reposer de ses fatigues ; l'oisiveté a été
une des conséquences du progrès et l'un des facteurs principaux de l'évolution humaine, à cause
de la sensation insupportable que nous appelons
l'*ennui*, et qui vient de l'habitude séculaire du
travail. N'ayant plus rien à faire, à certains moments, au point de vue économique, l'individu
habitué à travailler depuis de longues générations
a dû se créer une activité factice pour satisfaire
son besoin d'occupation.

Dans beaucoup de cas, l'oisiveté a causé des
guerres aussi terribles que les guerres économiques ; on a attaqué ses voisins « pour rien, pour
le plaisir », pour passer le temps ; les peuples guerriers ne connaissaient guère d'autre distraction, et
il nous est resté, de nos ancêtres, la notion plus
ou moins ancrée en nous, suivant les individus,
de la *noblesse* du métier des armes.

A certaines époques, au contraire, la paix prolongée a fait naître, de l'oisiveté des hommes, les
arts que nous considérons comme les embellissements de la vie. La notion du *beau* a une origine
ancestrale facile à concevoir comme celle du *bien*,
mais, tandis que la notion de *bien* a eu pour origine
une obligation commune à tous les membres d'une
société, le notion du *beau*, résultant de l'appréciation personnelle des agréments et des désagré-

ments, a naturellement été plus individuelle. Il est vrai que les hommes étant de même espèce, leurs dissemblances individuelles n'empêchent pas qu'il y ait entre eux des ressemblances très profondes ; on peut donc penser qu'il y a eu, de tout temps, des points communs dans les *goûts* de tous les hommes.

Ce sont ces points communs qui constituent le *beau* spécifique, le *beau* humain[1] ; et, naturellement, de ce beau spécifique indiscuté, l'homme a, comme toujours, fait petit à petit une notion métaphysique, celle du beau absolu. Or, à mesure que les siècles se sont écoulés, que les conditions d'existence ont varié, et que les races diverses se sont mélangées, les goûts des hommes sont devenus de plus en plus divers, mais chacun a toujours cru posséder en lui-même la notion absolue du beau. Les artistes sont ceux qui essaient de fixer dans des œuvres durables leur idéal de beauté ; naturellement, comme nous venons de le voir, l'œuvre d'art est éminemment personnelle ; elle est le reflet de la nature propre de l'artiste, et c'est par là que l'art diffère essentiellement de la science qui est impersonnelle. J'ai consacré tout un volume à des considérations sur les sciences (*Les Lois naturelles, op. cit.*) ; je ne saurais, et pour cause, me livrer à

---

1. Dans ce *beau* humain, on trouve assez peu de chose si l'on considère à la fois toute l'humanité, mais si l'on recherche seulement l'esthétique commune aux membres d'une race, le résultat est déjà plus considérable ; c'est le mélange des races qui a préparé les plus grandes variations d'esthétique individuelle.

des réflexions aussi étendues sur les arts, mais je crois devoir signaler cependant quelques remarques de Béotien au sujet de l'antagonisme des tendances artistiques et des tendances scientifiques ; je reproduis donc ici un article précédemment publié à ce sujet.

§ 50. La magie des mots[1].

Dans les cantons sauvages du centre de la Basse-Bretagne, là où l'absence de chemins de fer a conservé intactes l'ignorance et la naïveté des ancêtres, il existe des guérisseurs locaux bien plus estimés de leurs voisins que les pauvres médecins diplômés égarés au milieu de ces populations incultes. Quand un de ces guérisseurs visite un malade, il l'étudie à sa façon, de manière à poser un diagnostic qui n'a rien de commun avec ceux de la Faculté ; il déclare par exemple que le patient est atteint du *signe de saint Kadok* (*arouez zant Kadok*) ou du *signe de sainte Radegonde* (*arouez zantez Radagonda*)[2]. Cela ne signifie pas, je pense, que Saint Kadok ou Sainte Radegonde sont les causes de la maladie, ont envoyé la maladie en punition d'un manque de ferveur, comme Apollon envoya la peste aux Grecs en leur lançant des flèches parce qu'Agamemnon avait manqué d'égards à son prêtre Chrysès ; je crois plutôt que, dans

---

1. *Annales de la jeunesse laïque*, novembre 1903.
2. Le dictionnaire breton de Le Gonidec donne comme traduction du mot hydropisie : « drouk sant itrop » c'est-à-dire le mal de saint Itrop. Voilà un saint bien imaginé !

l'esprit de mes compatriotes, les saints en question ont seulement le pouvoir spécial de guérir ces maladies particulières, quelle que soit leur origine, comme les rois de France guérissaient les écrouelles. Une fois le diagnostic posé, le patient, s'il est transportable, ou, à son défaut, un de ses proches, part en pèlerinage pour un endroit, souvent très éloigné, consacré au saint chargé de la guérison de la maladie dont il est atteint. Alors, de deux choses l'une : ou il guérit, ou il ne guérit pas. S'il guérit, il est rempli de reconnaissance pour Saint Kadok ou tel autre saint à qui il a été adressé ; s'il ne guérit pas, sa ferveur pour les saints n'est pas diminuée ; il perd seulement un peu de sa confiance dans le guérisseur, qui a pris pour le signe de Saint Guirec ou de Saint Efflam ce qui était peut-être le signe de Saint Ildut ou de Saint Gwennolé.

Pour chaque maladie il y a un certain nombre de phrases consacrées qu'il faut dire au saint chargé de la guérison. Voici par exemple ce qu'il faut dire trois fois de suite sans respirer pour obtenir l'intercession de Saint Gildas (*Sant Gweltas*) quand on rencontre un chien enragé :

> Ki Klanv, Ké gant da hent,
> mé wel Doué hag ar Zent
> hag an aotrou Zant Weltas
> a roïo did a dreuz da vass.

« Chien malade, va ton chemin, — je vois Dieu et les saints, — et Monsieur Saint-Gildas, — qui te donnera sur la figure. »

Il en est de même pour certaines opérations de petite chirurgie. Dans le canton de Bégard, existe un rebouteur célèbre dans toute la Bretagne, et qui guérit les foulures, les entorses, par des massages ; mais ce qui importe bien plus que ces pratiques matérielles, ce sont les mots mystérieux qu'il prononce en les exécutant [1].

Nous avons hérité de nos ancêtres le respect des formules ; ils croyaient au pouvoir des incantations, surtout lorsque ces incantations se composaient de phrases dépourvues de sens. Beaucoup de nos contemporains, même assez instruits, y croient encore sans trop se l'avouer, au moins dans certains cas, et nous ne devons pas nous étonner de trouver ces croyances très vivaces chez des ignorants auxquels on apprend de bonne heure à dire en latin des prières dont ils ne comprennent pas le premier mot. Un paysan breton a avalé récemment, soigneusement roulée en forme de pilule, une ordonnance de médecin ; il attribuait, sans doute, aux mots mystérieux écrits sur la feuille de papier, une vertu magique analogue à celle des paroles que prononce le prêtre en consacrant l'hostie.

Cet ignorant était logique ; nous nous moquons

1. J'ai constaté récemment, chez mes voisins de campagne à Pleumeur-Bodou, une superstition vraiment intéressante au sujet de la valeur des mots. Dans une île de la côte, l'île Agaton ou « à Canton » a existé naguère un sanctuaire de saint André (en breton Andréo) dont il reste encore quelques vestiges ; on y va en pèlerinage pour la guérison de la coqueluche parce que le mot coqueluche (*dréo*), précédé de l'article (*ann*), fait *ann dréo* qui se prononce comme le nom du saint.

de lui sans nous apercevoir que, bien souvent, nous commettons des sottises du même ordre. Nous expliquons la vie par des mots qui ne signifient rien ; il est donc tout naturel que l'on traite les maladies de la vie par d'autres mots. L'introduction des poisons dans la thérapeutique (et elle a eu lieu de très bonne heure, malgré l'influence prépondérante attribuée aux paroles cabalistiques) a été un premier pas dans la voie de l'explication chimique de la vie ; on ne peut agir par la chimie que sur ce qui est de nature chimique.

Aujourd'hui, personne ne révoque en doute l'influence des substances chimiques sur les manifestations vitales ; il est certain que l'alcool grise et que l'opium fait dormir ; mais, dira-t-on, si, évidemment, il y a de la chimie dans beaucoup de phénomènes vitaux, évidemment aussi il y a autre chose !

Autre chose ? Quoi ? Des mots ?

Mais ce sont des mots auxquels on a cru jadis si fermement qu'on les répète et qu'on les répétera longtemps encore comme s'ils avaient un sens.

Certainement, c'est par l'intermédiaire des mots que les hommes se transmettent leurs idées ; c'est par des mots qu'un chef commande à ses sujets ; mais de ce que certains signes phonétiques conventionnels, transmis dans les familles par l'éducation, sont utilisés pour les communications entre des hommes d'un même pays, on est arrivé à attribuer, sans aucune logique, à ces mots, qui n'ont de valeur que *d'homme à homme*, une importance universelle ; on a cru que les mots commandaient aux éléments ; on a déifié le verbe :

« Au commencement était le Verbe et le Verbe était en Dieu, et le Verbe était Dieu. Il était dès le commencement en Dieu. Toutes choses ont été faites en lui et rien de ce qui a été fait n'a été fait sans lui. En lui était la vie, et la vie était la lumière des hommes... Et le Verbe s'est fait chair. »

Pour un esprit non prévenu, le sens de toutes ces belles phrases (si elles ont un sens) serait simplement que Dieu est un mot, une manière de parler. Mais cette explication littérale et terre à terre fera sourire de mépris les théologiens qui, il ne faut pas se le dissimuler, sont bien plus des rhétoriciens que des philosophes. Le mot grec λογος, le mot latin *verbum*, équivalant au terme français *parole* ou *discours* ou *mot*, cela eût été trop clair ; on aurait bien vu que les phrases précédentes ne signifiaient pas grand'chose ; *verbe* a une allure plus mystérieuse ; il fait bien dans le langage poétique.

Car le mot c'est le Verbe et le Verbe c'est Dieu

a dit Victor Hugo ; cela fait un vers magnifique, *donc* cela représente autre chose que la misérable explication à laquelle je m'arrêtais tout à l'heure. Le langage vraiment scientifique est trop précis et trop net ; il fait disparaître toute trace de mystère, donc toute beauté. Un professeur de philosophie annotait récemment ainsi une copie d'un de ses élèves : « Trop clair, se comprend à la lecture. » On ne peut être profond si l'on est clair ; il faut laisser aux phrases un vague sous lequel on devine des abîmes de pensées !

Les mots sont les passants mystérieux de l'âme,

a dit le même Victor Hugo ; allez donc chercher de la profondeur dans les œuvres d'un Monsieur qui « appelle un chat un chat ! »

« Pourquoi vouloir discuter avec les métaphysiciens ? me disait récemment un des maîtres les plus écoutés de la psychologie contemporaine. Vous ne parlez pas la même langue. Tenez, je suppose que nous ayons à étudier un artichaut ; nous nous attacherons tout bonnement à connaître les feuilles de l'artichaut, le foin de l'artichaut, le cœur de l'artichaut ; les métaphysiciens, au contraire, enlèveront d'abord les feuilles, puis le foin, puis le cœur, et alors il restera « l'artichaut en soi. » Et quand ces messieurs discuteront sur la nature de l'artichaut, il sera bien entendu qu'il s'agit uniquement de *l'artichaut en soi*, objet qui n'a évidemment aucun rapport avec les feuilles, le foin et le cœur, que nous aurons étudiés. Pourquoi donc discuter ? Nous ne parlons pas des mêmes choses, et l'on ne manquera pas de mépriser un piètre philosophe qui, pour étudier un artichaut, s'attache à des détails aussi vulgaires, aussi matériels que le foin, les feuilles et le cœur. »

Et je pensais malgré moi au paysan breton qui

avait avalé l'ordonnance du médecin. Sans doute, ces messieurs ne l'auraient pas avalée : cela est trop grossier et trop matériel ; ils se seraient seulement pénétrés de son esprit ; ils auraient absorbé, par la pensée, de la « quinine en soi » pour couper leur fièvre.

Nous ne sommes pas si loin, d'ailleurs, de l'époque où l'on attribuait aux médicaments une *vertu* de même ordre que le principe vital, et il y a encore aujourd'hui bien des gens qui pensent qu'un produit pharmaceutique n'est pas seulement actif par sa nature chimique. L'homme aime le mystère ; la poésie qui nous berce si délicieusement ou qui développe en nous les aspirations les plus nobles, est, le plus souvent, un ramassis de fictions que nous savons absurdes et qui nous émeuvent cependant, quand elles sont bien dites, plus que les grandes vérités d'ordre scientifique. Le positiviste le plus convaincu n'est jamais insensible à la magie d'un beau vers qui ne signifie rien. Un habile manieur de mots est dangereux ; il peut faire accepter des idées mauvaises ou fausses. L'art est le contraire de la science.

Dans les *forces tumultueuses*, Verhaeren a tenté un grand effort vers ce qu'on pourrait appeler « la poésie de la vérité. » Il y a tant de choses admirables dans la nature qu'il est inutile de chercher dans le mensonge la source d'émotions violentes et profondes. Sans doute, mais les beautés d'ordre scientifique ne seront jamais un sujet bien digne d'inspirer les poètes, elles sont belles par leur vérité; l'art, la grandiloquence ne leur ajoutent rien. Au contraire, peut-être ; je ne sais pas si un théorème ne perdrait pas de sa puissance en passant par la plume de Flaubert. Je ne vois pas ce que gagnerait le téléphone à être chanté par Hugo.

Les poètes, habitués à personnifier, dans leur langage imagé, toutes les causes naturelles des faits, font exactement le contraire de ce que cherchent les savants. Ils sont, de gaieté de cœur, éminemment anthropomorphistes. La science et l'art parlent[1] à deux parties distinctes de notre individu ; les joies que nous trouvons dans la science ne sont sans doute pas moindres que celles dont nous sommes redevables à l'art ; elles sont *autres*, et c'est une erreur de chercher à les confondre et à les mêler. Le côté de nous qui est sensible aux manifestations de l'art, c'est le côté métaphysique héréditaire ; il est bien plus considérable chez quelques hommes que le côté scientifique, développé uniquement par l'éducation. Et il faudra sans doute bien des siècles pour que notre aptitude à goûter la vérité toute nue prenne dans notre structure congénitale une importance aussi grande que celle qu'occupe aujourd'hui notre tendance mystique vers l'art ; mais nous ne devons pas nous le dissimuler : ceci tuera cela.

Il existe, à notre époque, des hommes tout à

1. Je m'aperçois que je personnifie moi-même la science et l'art au moment précis où je déclare nuisibles toutes les personnifications. Il est peu probable que le langage humain arrive jamais à n'en plus faire.

fait différents les uns des autres ; les uns, purs artistes, hommes de tradition, sont fermés à la science ; d'autres, ayant subi une éducation uniquement scientifique, ont une culture artistique presque nulle, mais ne peuvent cependant être insensibles à certaines manifestations de l'art ; d'autres enfin, et ceux-là sont les plus heureux, ont pu, par une éducation mixte, grâce surtout à de rares dons naturels, être capables à la fois des jouissances artistiques et des jouissances scientifiques.

Ils ont le grand bonheur de comprendre et d'apprécier les hommes des deux premières catégories, lesquels, il faut bien l'avouer, ont souvent, les uns pour les autres, peu de considération et de sympathie. C'est l'existence de ces *types de transition* qui a fait croire à la possibilité d'un art scientifique, et je pense qu'il y a là une grande erreur. Entre les émotions d'origine artistique et les émotions d'origine scientifique, il y a autant de différence qu'entre la vue et l'ouïe : je ne vois pas l'avantage que nous aurions à percevoir par les yeux les mouvements qui causent le son ; l'exécution d'un chef-d'œuvre de Gluck ne donnerait pas sur le cylindre du phonographe une ligne d'une merveilleuse beauté.

Cette comparaison avec la vue et l'ouïe n'est pas fameuse, car, entre ces deux sens de l'homme, il n'y a pas antagonisme ; ils peuvent se développer parallèlement, sans se nuire. Je ne crois pas, au contraire, qu'il soit possible de cultiver en même temps chez un homme, sans préjudice pour l'une des cultures, le goût de la vérité et celui de la fiction.

Mæterlinck, me direz-vous, est un puissant poète, et il a cependant étudié les abeilles avec un esprit scientifique indéniable ; il a écrit, au sujet de ces admirables insectes, une véritable épopée qu'il est difficile de lire sans émotion. Je connais, cependant, plusieurs hommes, de la seconde catégorie de tout à l'heure, qui aiment beaucoup mieux lire l'histoire des hyménoptères dans un manuel rigoureux et précis et qui n'ont pas joui de l'œuvre du chantre des abeilles. D'autre part, s'il est indéniable que le poète belge a fait preuve d'un grand esprit scientifique dans ses études d'apiculteur, il n'en est pas moins vrai qu'il s'est laissé, lui aussi prendre à la magie des mots, à la magie de sa belle langue imagée dans un ouvrage plus récent : *Le Temple enseveli.*

La langue scientifique doit être claire et dépourvue d'images ; la langue des poètes est d'autant plus belle qu'elle est, au contraire, plus pleine d'évocations mystiques et de personnifications ; il n'y a aucun avantage à appliquer la poésie à la science ; il semble plutôt que les deux langues vont se séparer de plus en plus ; elles ne gagnent pas à être confondues. Mallarmé a été très logique quand il a créé pour sa poésie un vocabulaire dans lequel chaque mot prenait un sens en rapport avec sa sonorité, mais il est bien certain que la langue de Mallarmé se prêterait difficilement à la géométrie. Un théorème doit être écrit dans une langue commune à tous les hommes, et dans laquelle la signification des mots soit indépendante de l'impression personnelle que leur audition procure à chacun. L'éducation scientifique apprendra aux hommes à goûter vraiment les idées et non la forme des idées. Or, l'éducation scientifique devient de plus en plus indispensable à tous ; il n'y aura plus, dans deux ou trois générations, un homme civilisé qui en soit dépourvu.

Est-ce à dire que, l'évolution continuant, il apparaîtra des hommes qui ne porteront plus de trace héréditaire des croyances ancestrales ? Arrivera-t-il un jour où l'on vivra d'une manière exclusivement scientifique ? Je ne crois pas que l'évolutionniste le plus hardi ose le prévoir. Ce que nous appelons aujourd'hui un homme est un mécanisme coordonné dont certaines parties sont des résidus ataviques, des survivances d'anciennes lois ou d'anciennes théologies, tandis que d'autres parties du même mécanisme résultent uniquement de l'adaptation de plus en plus étroite de l'individu aux frottements extérieurs et constituent notre appareil logique. Avons-nous le droit de supposer que le mécanisme, débarrassé des premières parties, pourrait rester coordonné avec les secondes seules ? Rien ne nous le permet et il est plus vraisemblable de penser que l'homme conservera toujours des traces cérébrales de son ancestralité ; le progrès consistera à savoir distinguer ce qui, dans notre cérébration, est un souvenir de nos ancêtres ignorants, et à soumettre nos sentiments dits spontanés au jugement de la raison.

Sans vouloir nous étendre sur des considérations aussi peu vérifiables, bornons-nous à constater l'antagonisme indéniable qui se manifeste actuellement entre la tendance mystique ou religieuse et la tendance scientifique.

De cet antagonisme, je trouve une image très intéressante dans la lutte actuellement engagée entre l'enseignement classique et l'enseignement moderne.

Devant la quantité énorme des faits scientifiques acquis, et qui doivent être enseignés, il a fallu songer à déblayer les programmes, et nous, qui avons passé les meilleures années de notre jeunesse en compagnie des classiques latins et grecs, nous déplorons la nécessité qui privera les prochaines générations de cet aliment si agréable. Nous terminons une période pendant laquelle on n'était considéré comme « un homme bien élevé » qu'à condition d'avoir fait « ses humanités ». Mais dès que nous aurons disparu, la connaissance des auteurs anciens ne sera plus considérée que comme un complément de luxe à une instruction plus solide. Aujourd'hui on serait honteux d'ignorer Virgile et Homère, et l'on n'éprouve aucun ennui à avouer qu'on ne connaît pas la machine Gramme; dans quelque temps les choses seront renversées; on redoutera beaucoup plus d'être mal renseigné sur le fonctionnement du téléphone que d'être pris en flagrant délit d'ignorance au sujet de l'*Odyssée*.

Cela abaissera le niveau de l'espèce humaine, dira-t-on. Il est tout à fait curieux que, *a priori* et sans s'être donné le mot, la plupart des hommes considèrent comme supérieure, comme plus noble, la partie mystique et nuageuse de leur cerveau, celle où revivent leurs ancêtres les plus barbares ; au contraire, ce qui constitue l'affranchissement réel de notre nature, ce qui nous met au-dessus de tous les autres animaux par la recherche de la vérité, beaucoup en parlent avec dédain.

Les hommes seront, en tous cas, moins heureux, diront les amis de l'art. Je ne le crois pas. Tant que notre sens mystique se transmettra héréditairement à nos descendants, il y aura des poètes et des artistes, et des œuvres qui satisferont cette partie ancestrale de notre cerveau ; et si elle disparaît un jour devant les progrès de notre développement scientifique, le besoin d'art n'existant plus, nous n'aurons pas à déplorer l'absence des artistes. Mais nous n'en éprouverons pas pour cela moins de joies ; seuls, ceux qui n'ont pas goûté les jouissances d'ordre scientifique peuvent supposer qu'elles sont inférieures à celles dont nous sommes redevables à la poésie. Elles sont en tout cas plus sûres, moins contingentes ! Il faut bien avouer que les œuvres d'art, même les plus belles, sont discutées ; les *connaisseurs* sont heureux de se dire qu'ils jouissent de choses inaccessibles au vulgaire, et l'on a honni Tolstoï voulant l'art à la portée de tous; mais parmi les *connaisseurs* même, que de groupes, que d'églises hors desquelles il n'y a point de salut !

La vérité scientifique impersonnelle se dresse devant l'individualisme artistique comme un phare qui éclaire l'avenir. Elle promet de débarrasser l'homme de toutes les terreurs mystérieuses, de toutes les superstitions absurdes qui font le malheur de la vie, mais elle n'y arrivera qu'aux dépens du mysticisme, survivance des époques barbares. De nos jours encore, beaucoup de natures sont ouvertes aux émotions artistiques et aux joies de la science positive, mais ceci n'existe qu'aux dépens de cela : ceci tuera cela.

Bien peu de gens accepteront cette manière de voir; l'esprit conservateur lutte sans cesse contre l'esprit scientifique révolutionnaire ; on traite couramment de brute un homme de science qui ignore les choses artistiques; je pense donc que l'on n'adoptera guère cette idée de l'antagonisme de l'art et de la science ; du moins ne pourra-t-on pas nier qu'il est nuisible d'employer, pour la recherche de la vérité, le langage de la fiction.

Ce qui entretient les discussions entre les philosophes, ce qui les empêche d'aboutir, c'est qu'il y a des philosophes de deux natures opposées ; il y a des philosophes poètes et des philosophes savants ; c'est la lutte du vieil homme contre l'homme nouveau. Les deux peuvent coexister dans le même individu, mais ils y sont antagonistes; ils ne peuvent s'entendre.

Les philosophes poètes, les philosophes rhétoriciens, si j'ose m'exprimer ainsi, se grisent de mots mal définis ; c'est pour eux que le verbe est Dieu ! Ce sont des artistes ! Au premier rang, parmi eux, sont les théologiens. Avez-vous quelquefois assisté à un sermon d'un des grands prédicateurs actuels ? Et, si vous avez été entraîné par l'éloquence et l'abondance du discours, si vous avez éprouvé en l'écoutant une véritable joie d'ordre artistique, avez-vous essayé ensuite de *résumer*, en langage clair, ce que vous avez entendu ? C'est là une expérience fort intéressante. Il ne faut pas entamer de discussion avec des théologiens ; on aboutirait à une vaine logomachie ; il suffit de résumer leur rhétorique en langage clair ; immédiatement leurs arguments s'effondrent ; ils ne tiennent que par les mots. Et des mots n'ont pas besoin d'avoir un sens pour donner une émotion profonde quand ils sont arrangés avec art...

On nous répète sur tous les tons que la science n'a rien à voir avec la foi. La foi étant un ramassis de mots qui ne représentent *rien* (écoutez Rabelais : « foy est argument des choses de nulle apparence »), il est certain que l'on ne peut pas étudier dans les laboratoires ce que représentent les articles de foi ; mais on peut montrer que ces mots ne représentent rien et cela a son importance si ces mots ont précisément pour résultat de terroriser l'humanité.

CHAPITRE XVI

L'ÉVOLUTION DU LANGAGE ARTICULÉ

§ 51. Tradition orale et hérédité.

Si l'on peut mettre au compte du langage un très grand nombre d'erreurs philosophiques, il ne faut pas pour cela essayer d'amoindrir l'utilité de ce merveilleux outil. Ce n'est pas d'hier qu'Esope a montré que les langues sont à la fois ce qu'il y a de meilleur et de plus mauvais.

A l'époque où, chez les ancêtres communs aux hommes et aux singes, un groupe d'individus s'est trouvé, sous l'influence de conditions que nous ignorons, doué d'un appareil phonateur à flexions plus variées, ce groupe a constitué une variété infiniment favorisée sous le rapport de la facilité des relations sociales; et l'on peut affirmer hardiment que si les descendants de ces singes parleurs ont progressivement conquis la supériorité du règne animal, c'est au langage articulé qu'ils l'ont dû. C'est à cause du langage articulé et de toutes les fonctions qui en résultent, que le cerveau de l'homme est aujourd'hui le double de celui des singes les mieux doués; le langage articulé a suffi pour creuser le *gouffre* dont Huxley constate actuellement l'existence entre nous et nos cousins les anthropoïdes.

Et ce résultat extraordinaire ne tient pas seulement aux facilités que crée le langage pour les relations sociales; il provient surtout de la possibilité, pour l'homme, de transmettre à ses enfants les résultats de son expérience.

Tout ce que l'homme sait, il le sait par expérience, mais il y a l'expérience individuelle et l'expérience ancestrale. De l'expérience ancestrale, une partie, acquise successivement par des milliers de générations, a fini par se fixer, sous forme de mécanisme individuel, dans le patrimoine héréditaire des espèces; cette partie de l'expérience ancestrale, de laquelle résulte notre logique, a donc pu s'accumuler aussi bien chez les animaux muets que chez les hommes, et, en effet, nous constatons que les chiens, les renards, les castors, ont leur logique spécifique; c'est grâce à cette logique spécifique que les divers animaux peuvent tirer parti de leur expérience individuelle, c'est-à-dire agir intelligemment.

Mais, au cours de la vie des nombreux ancêtres d'un animal actuel, outre les faits d'expérience quotidienne et susceptibles par conséquent de fixer leur empreinte dans le patrimoine héréditaire, il y a eu tous les autres faits d'observation fortuite, qui, utilisables par ceux-là mêmes qui les avaient observés, restaient lettre morte pour leurs descendants. Dans les espèces douées de la parole articulée (et il est possible que cela se soit produit ailleurs que dans l'espèce humaine ; les perroquets ont un cerveau bien plus volumineux que les autres oiseaux), les parents ont pu enseigner à leurs enfants ce qu'ils avaient eux-mêmes appris ; la tradition orale a permis l'accumulation des documents recueillis au cours des générations successives ; c'est elle qui a constitué la *science*, résumé des parties non héréditaires de l'expérience ancestrale et dont l'intelligence tire parti aussi bien que de l'expérience individuelle.

Il est certain que la tradition orale (ou écrite) a conservé, en même temps que les faits bien observés, les explications erronées résultant d'une connaissance incomplète des choses et que, par conséquent, en même temps qu'un instrument de développement scientifique, elle a été aussi le plus puissant obstacle à ce développement.

Ceux qu'on appelle aujourd'hui les partisans de la tradition, les conservateurs, sont ceux qui s'attachent de préférence aux explications et aux règles de conduite que nos prédécesseurs ont tirées de leur science incomplète. Or, depuis un siècle, les documents scientifiques accumulés sont *infiniment* supérieurs, tant par la quantité que par la qualité, à ceux qu'avaient recueillis les hommes pendant tous les siècles antérieurs de leur histoire ; et ce sont précisément l'état social et les doctrines philosophiques *antérieures* à ce grand mouvement de l'esprit humain que l'on veut conserver au nom du respect de la tradition ; cela n'a pas le sens commun.

A travers les modifications qui, d'âge en âge, se sont manifestées dans les conditions de la vie humaine, les mots ont évolué dans leur signification et sont devenus méconnaissables ; l'étude de ces modifications successives des valeurs des mots constitue l'histoire de la philosophie ; c'est surtout le dernier siècle qui a nécessité les plus grandes variations ; il en a nécessité de telles que nous aurions dû oublier les anciens mots et en créer d'autres ; mais l'amour de la tradition est là ; on a gardé les mots et beaucoup veulent conserver aussi le sens suranné des mots.

§ 52. Les déformations du langage et la règle celtique des « mutes ».

Si le langage articulé a été l'outil de la tradition, il a été aussi lui-même *transmis* de génération en génération et, surtout dans les pays où l'écriture existait peu, il s'est modifié plus ou moins vite ; il a évolué. Non seulement les invasions et les vicissitudes des empires, ont créé des mélanges de langues ; même des idiomes, qui se sont transmis sans mélange, se sont néanmoins altérés à la longue, quoique chaque génération ait cru, en toute sincérité, transmettre intact à la génération suivante l'héritage linguistique qu'elle tenait de la génération précédente. Et c'est ainsi que, modifiées de diverses manières par des peuples de physiologie différente, des langues, primitivement identiques, sont devenues distinctes.

L'étude des différents dialectes germaniques est à ce sujet fort instructive ; on reconnaît aisément encore l'origine commune de mots équivalents du saxon, du danois et du haut allemand ; là où il y a une dentale dans le premier de ces idiomes, il y a aussi une dentale dans les deux autres, mais cette dentale peut être aspirée ici, alors que là elle est ténue ou moyenne ; de même pour les labiales et les gutturales ; pourquoi ?

Je crois que c'est là un phénomène biologique qui ressortit encore à la question de l'hérédité des caractères acquis.

On a souvent agité la question de savoir si le langage employé pendant de nombreuses générations pouvait finalement devenir héréditaire ; l'expérience que prête Hérodote au roi Psammitique[1] prouve que, déjà à cette époque reculée, on avait cru à l'hérédité possible du langage ; elle prouve

1. Les Égyptiens, avant que Psammitique régnât sur eux, se croyaient les plus anciens de tous les hommes. Depuis que Psammitique voulut savoir quels hommes avaient vécu les premiers, ils pensent que les Phrygiens les ont précédés, puis, que eux-mêmes sont venus avant tous les autres. Psammitique fit donc cette enquête, et d'abord, il ne put rien découvrir ; enfin, il imagina ce qui suit. Il prit *chez les premiers venus*, deux enfants nouveau-nés et les donna à un pâtre pour qu'il les élevât parmi ses troupeaux en se conformant à ces prescriptions : qu'on ne dît jamais devant eux le moindre mot ; qu'on les couchât à part dans une cabane solitaire ; qu'on leur conduisît au moment opportun des chèvres ; ensuite, quand ils seraient rassasiés de lait, qu'on ne s'occupât plus d'eux. Le roi prit ces mesures et donna ces ordres, afin de saisir les petits cris confus de ces enfants et d'entendre quel mot d'abord

aussi que l'on avait une idée vague de ce fait, fort discutable en l'espèce, que ce qui est le plus ancien est le plus naturel à l'homme. Aujourd'hui nous sommes bien convaincus que le langage articulé n'est pas héréditaire, et qu'un jeune Anglais élevé dans une île déserte ne saurait pas l'anglais sans l'avoir appris; mais nous sommes convaincus aussi qu'à force de parler une langue ayant certains éléments phonétiques bien spéciaux, on accoutume progressivement son organe phonateur à ces éléments phonétiques et que, si cela dure plusieurs générations, cette accoutumance devient héréditaire, c'est-à-dire qu'il y a, dans l'organe phonateur des nouvelles générations, des modifications en rapport avec l'habitude d'émettre certains éléments phonétiques.

Par conséquent lorsque, en toute bonne foi, les générations nouvelles croient reproduire l'idiome paternel avec sa pureté originelle, elles le modi-

---

ils articuleraient. Tout cela fut exécuté ; deux ans s'étaient écoulés depuis que le pâtre s'acquittait de sa tâche, quand, à l'instant où il ouvrait la porte et entrait dans la cabane, les deux enfants s'attachèrent à lui en étendant les mains et en prononçant : Becos. La première fois que le pâtre ouït ce mot, il ne dit rien ; mais il revint souvent; il prêta la plus grande attention, et ce Becos fut à chaque fois répété. Alors il en parla à son maître et, sur son ordre, il lui conduisit les enfants. Psammitique, après les avoir lui-même entendus, demanda quels hommes se servaient de ce mot Becos et ce qu'il signifiait. Il apprit, en s'informant, que les Phrygiens nomment ainsi le pain. Les Égyptiens conclurent de cette expérience et tombèrent d'accord que les Phrygiens étaient plus anciens qu'eux. (*Hérodote*, liv. II, § 2.)

fient en réalité puisqu'elles se servent d'un appareil phonateur différent. Et les modifications sont toujours dans le sens d'une *plus grande facilité* à prononcer ; on conçoit donc que ces modifications soient différentes chez des peuples qui, issus de mêmes ancêtres ont, dans des milieux différents, des physiologies différentes.

On peut désormais parler de l'évolution des langues, comme d'un phénomène biologique analogue à l'évolution des autres parties des animaux. Chose extrêmement curieuse, on trouve, dans l'histoire des idiomes celtiques, une particularité du même ordre que celle que Fritz Müller a mise en évidence dans l'histoire du transformisme animal ; le savant allemand a montré que l'on peut retrouver dans le développement individuel de chaque être, une répétition plus ou moins fidèle de son évolution ancestrale. Eh bien, dans le breton actuel, on trouve des transformations actuelles identiques à celles que cet idiome a éprouvées depuis l'époque la plus ancienne dont nous ayons conservé des documents. Tel mot qui, au VIIIe siècle, possédait, entre deux voyelles, un P, un K ou un T, avait quelques siècles plus tard remplacé ces lettres par un B, un G ou un D, et quelquefois, plus tard encore par un V, un C'H ou un Z. Or, aujourd'hui, quand un mot commence par l'une des six premières lettres que je viens de citer [1], sa pronon-

---

[1]. Et aussi par quelques autres, M par exemple, qui devient V, tant historiquement que dans le langage actuel ; Adam est devenu Azav en gallois.

ciation change d'après la facilité plus ou moins grande qu'on éprouve à l'articuler après le mot qui le précède.

Soit, par exemple, le mot *Tad* (père); on dit : va *z*ad (mon père), da *d*ad (ton père), ho *t*ad (votre père). C'est ce qu'on appelle la règle des *mutes*; elle n'a plus, en réalité, aujourd'hui, de valeur utilitaire; elle n'est plus qu'un souvenir d'une époque où les pronoms qui sont aujourd'hui *va* et *da*, par exemple, se terminaient par des consonnes *différentes* et modifiaient par suite les conditions de prononciation de la première consonne du mot suivant. Elle a été néanmoins conservée par la tradition, (nouvel exemple d'un *caractère acquis* devenu indépendant des conditions qui l'ont fait naître), et fait partie aujourd'hui du génie de la langue bretonne. Elle finira même par en être le dernier vestige quand l'invasion du français aura fait, petit à petit, disparaître tous les radicaux celtiques; on parle quelquefois, dans mon voisinage, un breton si corrompu que, seule, l'observance de la règle des mutes prouve que ce n'est pas du français; et rien n'est plus bizarre que l'aisance avec laquelle mes compatriotes accommodent les mots français à la sauce bretonne : va *z*uteur (mon tuteur), da *v*ontr (ta montre), etc...

TROISIÈME LIVRE

LA DISTRIBUTION DES PARTICULARITÉS INDIVIDUELLES PAR LA GÉNÉRATION SEXUÉE

CHAPITRE XVII

LE SEXE

§ 53. L'amphimixie, ou mélange des caractères des parents dans la reproduction sexuée.

Toutes les influences ancestrales dont nous nous sommes occupés jusqu'à présent se manifestent dans les individus actuels comme une conséquence nécessaire de la *continuité* des lignées. Or, dans presque toutes les espèces bien connues, la lignée ascendante d'un être n'est pas unique ; elle est infiniment dichotome à cause du mode sexuel de génération.

Dans l'espèce humaine, en particulier, un individu qui apparaît provient toujours de deux ascendants immédiats. Ces deux ascendants sont *diffé-*

rents, non seulement par leur sexe, mais encore par un très grand nombre de particularités qui constituent la *personnalité* de chacun ; et l'étude impartiale des faits prouve que les rôles des deux parents sont, au point de vue héréditaire, absolument équivalents dans la fabrication de l'œuf qui est le point de départ de l'individu nouveau ; il ne saurait donc plus être question d'une *continuation* d'un être dans un autre être, puisqu'il y a collaboration équivalente de deux êtres différents ; la fécondation crée quelque chose de réellement *nouveau* ; elle fabrique un œuf qui a un patrimoine héréditaire personnel. Or, chacun des éléments sexuels qui prennent part à la fécondation possède le patrimoine héréditaire du parent qui l'a fourni, c'est-à-dire que si, au lieu de devenir, par le phénomène de la maturation, un *gamète* incapable d'assimilation, l'un d'eux restait un élément cellulaire complet, capable d'assimilation, il transmettrait à l'individu qui en proviendrait *parthénogénétiquement* le patrimoine intégral du parent ; l'individu parthénogénétique est réellement la continuation de celui dont il dérive, et ne diffère de son ascendant que par les hasards de l'éducation. La fécondation d'un ovule par un spermatozoïde est donc la *fusion* de deux patrimoines héréditaires différents.

Quoique ne sachant rien de la nature de cette fusion, nous pourrions penser *a priori*, puisque le premier patrimoine est commun à tous les spermatozoïdes du père et le deuxième patrimoine commun à tous les ovules de la mère, que le résultat de la fusion sera toujours le même, quels que soient le spermatozoïde et l'ovule choisis dans la fécondation. Ce serait là une erreur grossière et dont l'observation la plus superficielle fait immédiatement justice.

Etant donnés deux parents, il se forme autant d'œufs *différents* qu'il y a de fécondations d'un ovule de l'un par un spermatozoïde de l'autre : chaque œuf fécondé est bien effectivement quelque chose de spécial, quelque chose de nouveau, qui n'a jamais existé et ne se reproduira plus jamais ; tous les enfants résultant de l'union de deux parents sont différents, non seulement par suite de divergences possibles dans leur éducation, mais par ce qu'il y a de plus intime dans leur structure, par le patrimoine héréditaire qu'ils tiennent de leur œuf. Dans la génération sexuelle, il ne se produit jamais deux individus identiques.

La constatation de l'existence des jumeaux semble être en contradiction formelle avec cette affirmation ; il y a des jumeaux tellement semblables que les petites différences qui les séparent ne peuvent être attribuées au patrimoine héréditaire et sont certainement du ressort de l'éducation. Mais, précisément, l'on est arrivé à se rendre compte de l'origine des jumeaux et à en fabriquer expérimentalement (en dehors de l'espèce humaine, naturellement). *Deux jumeaux proviennent d'un seul et même œuf ;* seulement, dès le début de la segmentation, au lieu de deux blastomères *accolés*, il s'est formé (sous l'influence du plus ou moins d'acidité ou d'alcalinité du milieu, par exemple), deux blastomères *isolés* dont chacun, moitié de l'œuf primitif, a été, pour son compte, le point de départ d'un individu séparé. En d'autres termes, l'œuf fécondé a donné, par une parthénogénèse hâtive, deux œufs parthénogénétiques ayant naturellement même patrimoine héréditaire, et dont les développements ne différeront que par les hasards de l'éducation. Deux jumeaux proviennent d'une seule fécondation; c'est pour cela qu'ils sont semblables.

Au contraire, deux individus provenant de deux fécondations sont forcément différents, même s'ils se développent ensemble dans l'utérus maternel comme les faux jumeaux, comme les produits de l'accouplement de deux rats ou de deux cobayes. Et pour être absolument démontré par l'observation journalière, ce fait de la différence fondamentale qui sépare les enfants d'un même couple n'en est pas moins tout à fait impressionnant si l'on veut bien admettre l'identité des patrimoines héréditaires dans les divers éléments de chacun des parents.

Pour fabriquer un œuf on prend en effet un morceau mâle d'une substance A caractérisée par un patrimoine héréditaire a et un morceau femelle d'une substance B caractérisée par un patrimoine héréditaire b; or, chaque fois que l'on répète l'opération, on obtient, *par amphimixie*, une substance NOUVELLE C, caractérisée par un patrimoine héréditaire c. J'ai été conduit à supposer que les différences des résultats obtenus dans les opérations successives doivent être attribuées aux *quantités* des substances mâle et femelle qui interviennent dans chacun des mélanges, de sorte que deux fécondations ne sauraient donner des résultats identiques à moins que les éléments mâles, d'une part, les éléments femelles d'autre part, soient rigoureusement égaux chacun à chacun. Ce n'est là évidemment qu'une hypothèse, et une hypothèse dont on ne saurait proposer la vérification directe, mais elle a du moins l'avantage de permettre de concevoir sans trop de peine la *personnalité* de chaque fécondation. Je ne m'étends pas ici sur cette hypothèse que j'ai longuement développée ailleurs [1] en montrant qu'elle permet de prévoir, ce que l'observation vérifie d'ailleurs couramment, que parmi les enfants, qui auront tous leur personnalité marquée, quelques-uns auront plus de ressemblance avec le père, d'autres plus de ressemblance avec la mère, d'autres un type entièrement nouveau.

L'une des conséquences les plus importantes de ce rôle considérable des quantités de substance active des éléments sexuels, c'est que, étant donnés deux individus reproducteurs, il sera impossible de prévoir le résultat de leur coopération ; cela restera impossible même après qu'ils auront eu plusieurs enfants, d'ailleurs tous différents ; on ne saura jamais dire à l'avance ce que sera l'être nouveau attendu ; aucun phénomène, plus que l'*amphimixie*, n'est à l'abri des prévisions humaines ; ce

1. V. *Traité de biologie, op. cit.*, chap. VIII.

que l'on exprime en disant que le résultat des fécondations est entièrement livré au *hasard*.

Il faut bien se rendre compte cependant que les possibilités ont des limites, même quand il s'agit des résultats d'une fécondation ; si un taureau féconde un vache, le résultat de la fécondation ne sera sûrement pas un mouton ou un lézard. Tout ce qui est commun au père et à la mère se retrouvera évidemment dans le produit, de même que, dans un mélange, on retrouve toujours intégralement les qualités qui étaient communes aux deux substances mélangées. C'est grâce à cette particularité de la génération sexuelle que l'on peut parler du rôle des influences ancestrales dans la genèse des caractères d'espèce ou de race, absolument comme si la lignée de chaque animal était unique au lieu d'être infiniment dichotome. C'est pour cela que nous avons pu rejeter à la fin de notre étude la complication résultant de la génération sexuelle.

Quand un homme va naître, nous ne pouvons pas savoir *quel* homme il sera, mais nous pouvons affirmer qu'il sera un homme, et même un homme de la race de ses parents. Son mécanisme pourra être décrit avec les mots qui servent à décrire le mécanisme de tous les autres hommes ; en d'autres termes, si l'on considère les éléments de la description d'un homme comme des parties en lesquelles on peut subdiviser son mécanisme total (ce qui n'est d'ailleurs qu'une manière de parler), on peut être certain à l'avance que ces éléments se retrouveront dans le mécanisme de l'homme qui va naître ; et ceci est vrai aussi bien des éléments de sa description anatomique que des éléments de sa description physiologique et psychologique; il n'y aura de caractéristique de la personne nouvelle, que les proportions des divers éléments qui, réunis, forment un homme; il aura le nez plus ou moins long, les yeux plus ou moins fendus, l'intelligence plus ou moins ouverte, la conscience morale plus ou moins exigeante ; en lui, comme en tous les autres, se manifesteront des conflits entre l'égoïsme et l'altruisme, et, suivant les proportions de ces éléments constitutifs, il obéira, suivant les cas, aux suggestions de l'une ou de l'autre de ces tendances antagonistes.

Ce sont ces proportions qui définiront son *caractère ;* on dira qu'il a le caractère entier, docile, cruel, irascible, etc. Sa mentalité pourra être celle d'un guerrier, celle d'un lâche, celle d'un saint; on dira alors qu'il subit telle ou telle influence ancestrale et ce ne sera peut-être pas toujours une expression juste. En vérité, il subit, *à un degré plus ou moins accentué*, toutes les influences ancestrales de son espèce et si, par les hasards de l'amphimixie, il ressemble à tel ou tel de ses ancêtres, cela pourra tenir, soit à une transmission effective de certains caractères quantitatifs de l'ancêtre à travers des amphimixies successives, soit à une simple coïncidence qui pourrait aussi bien lui donner une mentalité analogue à celle de tel ou tel individu n'ayant avec lui aucune parenté connue. Il faut se défier des cas d'atavisme qui, constatés sans aucune rigueur, ne sont souvent que des ressemblances purement fortuites; il y a, d'ailleurs, plusieurs sortes d'atavismes, et je dois les signaler dans ce livre consacré à l'étude des influences ancestrales; mais je me contenterai de les signaler brièvement, les ayant étudiées dans un autre ouvrage [1].

§ 54. Les divers atavismes.

I. Les caractères latents. — Par suite de telle ou telle circonstance, deux particularités qui se trouvent réunies dans le patrimoine héréditaire d'un individu ne peuvent se manifester ensemble; il y a antagonisme entre les caractères correspondants dont l'un se trouve ainsi rester *à l'état latent;* que, à la génération suivante, l'une de ces particularités existe seule chez un enfant, il pourra présenter un caractère que possédait son grand'père et que son père ou sa mère lui ont transmis sans le posséder ouvertement.

Exemple : Un grand'père possède une particularité qui se traduit dans son appareil génital mâle par une malformation, l'*hypospadias*. Sa fille hérite de cette particularité qui, naturellement, à cause de son sexe, ne peut se manifester chez elle de la même façon; mais elle transmet la particularité à son fils qui, étant mâle, se trouve atteint d'hypospadias.

Ce cas est exceptionnel et a été observé comme

1. V. *Traité de biologie, op. cit.*, §§ 65, 66.

une curiosité ; mais le même phénomène se reproduit couramment dans la génération alternante.

La fougère transmet intégralement son patrimoine héréditaire à une spore (génération agame) qui, à cause d'un état physique de son protoplasme, développe, non une fougère, mais un prothalle semblable à une algue ; la génération sexuée qui a lieu dans ce prothalle, restitue au protoplasma de l'œuf l'état physique du protoplasma de la fougère et cet œuf donne un être qui ressemble à la grand-mère fougère et non à la mère prothalle.

II. Les variétés dues à la sélection artificielle. — Un éleveur s'amuse à accoupler ensemble des êtres que les hasards de l'amphimixie ont doués d'une même monstruosité, quoiqu'ils proviennent d'individus normaux d'une certaine espèce ; il obtient des produits qui sont doués de la même monstruosité et, les accouplant entre eux, crée une variété monstrueuse ; mais cette variété est instable. Je suppose qu'il ait, par exemple, obtenu deux variétés différentes d'une même espèce, comme le pigeon grosse gorge et le culbutant à courte face ; s'il laisse ces deux variétés se croiser entre elles, il obtient le retour de l'ancêtre normal commun, le bizet. La génération sexuelle *libre* a pour résultat de faire disparaître les monstruosités fortuites et de maintenir le type moyen de l'espèce.

III. Le retour des métis à l'ancêtre. — Une espèce comprend, non plus deux variétés aberrantes comme celles du paragraphe précédent, mais deux races stables fixées et résultant d'adaptations à des conditions diverses ; en les croisant ensemble, on obtient des métis qui, au bout de quelques générations, reviennent naturellement à des types *stables* par les hasards de l'amphimixie, et ressemblent par suite à l'un des deux ancêtres de race pure.

Tous les cas d'atavisme bien observés rentrent dans l'une des trois catégories précédentes ; ils ne présentent pas l'intérêt qu'on leur attribue parfois.

CHAPITRE XVIII

LA THÉORIE DES PARTICULES REPRÉSENTATIVES

§ 55. Elle est la négation de l'évolution.

Le souci de donner une explication simple[1] des faits d'hérédité et d'amphimixie a amené plusieurs auteurs à construire la théorie dite des particules représentatives et qui, quoi qu'elle ait été signée Darwin avant d'être transformée par Weismann, est évidemment **la négation philosophique de l'évolution**. J'ai déjà montré souvent[2] l'erreur de méthode qui a présidé à la genèse de cette théorie, mais je dois y revenir, à cause d'expériences récentes, dans lesquelles leurs auteurs ont voulu trouver la démonstration du bien fondé de la théorie des particules représentatives.

La base de ce système antiscientifique est la croyance à toutes les *entités* morphologiques ou

---

1. Nous avons vu précédemment ce qu'il faut entendre par explication *simple*. V. aussi *Les Lois naturelles, op. cit.*, chap. XXVII.

2. *Lamarkiens et Darwiniens* (Paris, Alcan, 2ᵉ édit.), et *Traité de biologie, op. cit.*, chap. VI.

métaphysiques dont notre langage a peuplé le monde ; non seulement il faut croire à ces entités, mais encore il faut admettre l'existence de particules extrêmement petites et d'ailleurs invisibles, qui *représentent* chacune d'elles et l'introduisent dans les protoplasmas où elles se trouvent ; ces particules ont, comme les cellules sur lesquelles elles sont calquées, la propriété de se multiplier par bipartition ; et, d'après Weismann, non seulement elles existent aujourd'hui, mais elles ont existé de tout temps ou au moins depuis l'apparition de la vie (théorie des plasmas ancestraux) et n'ont fait, depuis, que se multiplier sans se modifier.

C'est, on le voit clairement, la négation même de l'évolution.

Tous les *caractères* actuels des êtres, c'est-à-dire tous les éléments conventionnels dans lesquels la fantaisie la plus illimitée peut décomposer, pour la décrire plus aisément, l'activité physiologique ou psychologique d'un être, tous ces caractères, dis-je, ont existé de tout temps, représentés par des particules immortelles ; il n'y a donc plus à expliquer historiquement la genèse des particularités les plus merveilleuses de l'organisme humain ; il a existé toujours de la vertu, de la justice, de la morale, de la logique, en bouteille (en particule représentative), et le plus qu'ait pu faire l'évolution a été de réaliser des groupements variables de ces diverses entités ; l'évolution ainsi comprise ne ferait donc que nous montrer la genèse historique des *différences* entre individus, mais ne nous montrerait pas l'apparition progressive de ce qui, dans les mécanismes actuels, nous paraît précisément le plus admirable. Darwin, avec ses gemmules, a donc, me semble-t-il, ouvert à Weismann la voie la plus franchement opposée à celle qu'il avait lui-même tracée dans « l'origine des espèces par sélection naturelle ».

Mais la *simplicité* verbale de ce système des caractères entités lui a assuré un succès contre lequel il est difficile de lutter ; voici ce que m'écrivait, il y a quelques jours, un de mes amis, professeur dans une de nos universités françaises, à propos des *particules représentatives* : « En tant que philosophe, vous avez raison de dire qu'elles n'ont guère de valeur. Par contre, au point de vue pédagogique, elles sont à même de rendre des services appréciables ; je ne rougis point d'avouer que je m'en sers dans mes leçons, quitte à ne pas céler à mes auditeurs ce que la conception a de fictif, une fois qu'ils ont l'air d'avoir compris. Comment exposer à des débutants ce que peut être la pathologie de la différenciation sans avoir recours à des moyens plus ou moins artificiels ? » Je ne partage pas l'opinion de mon ami, et si je consacre tous les ans une leçon à la théorie de Weismann, c'est pour mettre le public en garde contre l'engouement qu'a provoqué cet « édifice verbal ». J'obtiens, je dois l'avouer, un résultat assez inattendu, car, aux examens de fin d'année, je constate ordinairement que les élèves connaissent, mieux que toute autre théorie, la théorie contre laquelle j'ai essayé de les prémunir ; et c'est là une preuve de plus de la facilité qu'ont les hommes à accepter les systèmes anthropomorphistes ; le succès persistant des particules représentatives est dû aux mêmes causes que celui du spiritualisme et de la métaphysique qui sont d'ailleurs aussi des théories « simples » dans le langage humain.

Une observation très courante donne une illustration fort claire de la nature du système Weismannien ; quand un insecte pond dans l'épaisseur des tissus d'un végétal, les larves qui s'y développent déterminent la production d'une tumeur appelée *galle*, dont l'aspect dépend de l'espèce infestée et de l'espèce infestante. Là donc, la narration humaine est facile ; on peut dire que la larve parasite est la *cause* de la tumeur (encore faut-il remarquer que l'ensemble des facteurs contenus dans le mot *larve* n'est pas suffisant pour déterminer la galle puisque l'espèce de la plante infestée y intervient également). Dans le système dont je m'occupe, un *caractère* est donné de même à un protoplasma, par la particule représentative correspondante ; il est vrai qu'on suppose le protoplasma tout à fait neutre dans le phénomène, ce qui est d'ailleurs difficile à comprendre, mais à part cela le rôle de la particule représentative est calqué sur celui du parasite cécidogène et cela fait comprendre que l'on ait pu voir dans certains faits d'un ordre particulier une démonstration du système Weismannien. Je reproduis intégralement l'article que j'ai publié à ce sujet il y a quelques mois.

§ 56. L'hérédité des diathèses ou hérédité mendélienne[1].

On aurait pu croire que la théorie des particules représentatives avait vécu, du moment que tout le monde avait compris que cette théorie est basée sur une erreur de méthode, mais, comme cela arrive chaque fois qu'un système a été longtemps adopté par les savants, il en reste des traces dans le langage scientifique, et le simple emploi de ce langage suffit à conserver à la théorie défunte des adeptes plus ou moins avoués. Tant que l'on a cru, par exemple, aux *gemmules* de Darwin ou aux *déterminants* de Weismann, particules *représentatives* des *caractères* des individus, on a parlé de ces *caractères* comme d'entités parfaitement définies, puisque chacun d'eux était représenté par une particule distincte et l'on disait, couramment, « que tel individu diffère de tel autre par n caractères spéciaux », comme s'il n'était pas évident que la décomposition en caractères de la description d'un être est susceptible d'être faite d'une infinité de manières, d'après le caprice du descripteur. Je n'insiste pas ici sur les vices fondamentaux des théories *particulaires* ; je l'ai suffisamment fait ailleurs (voyez, par exemple, *Traité de Biologie*, chapitre VI), mais je tiens à dire

1. *Revue scientifique*, 25 avril 1904.

quelques mots d'expériences récentes qui ont eu pour résultat de donner à certains auteurs un regain de foi Weismannienne ; cela me sera d'autant plus facile que l'un des expérimentateurs vient de publier, comme conséquence de ses recherches particulières, un travail d'ensemble sur ce qu'il appelle « l'hérédité mendélienne [1] ». J'ai en outre sous les yeux trois notes successives du même auteur[2] sur l'hérédité de la pigmentation chez les souris.

A la fin de la première de ces notes, M. Cuénot remarque que « l'importance théorique de la loi de Mendel est considérable et que de Vries a bien senti l'appui qu'elle apporte aux théories de l'hérédité basées sur l'hypothèse des particules représentatives. » Aussi ne se prive-t-il pas d'employer couramment le langage de Weismann dans l'exposé de ses très intéressantes recherches. Mais cela ne l'empêche pas de déclarer qu'il réprouve la théorie dont il utilise le vocabulaire : « Je ne veux point passer en revue les très nombreuses théories basées sur l'hypothèse des particules représentatives, gemmules, plasomes, unités physiologiques, micelles, pangènes, idioblastes, biophores, mnémons, etc., leur procès a été fait et bien fait. » (*Op. cit. Rev. gén. sc.*, p. 309). Il n'est peut-être pas très logique, lorsqu'on considère u.

1. Cuénot. *Les Recherches expérimentales sur l'hérédité mendélienne.* (*Rev. gén. sc.*, 30 mars 1904.)
2. Cuénot. *La loi de Mendel et l'hérédité de la pigmentation chez les souris.* (*Arch. de zool. exp. et gén.*, 1902, 1903, 1904.)

système comme mauvais, d'employer un langage qui n'a de sens que dans ce système, un langage dont l'emploi seul suffit à nécessiter l'établissement du système répudié. Heureusement, dans le cas considéré, ce langage s'applique sans danger à la narration des résultats de certaines expériences de croisement [1]; mais cela ne prouve pas, comme le dit M. Cuénot, après M. de Vries, que ces expériences « apportent un sérieux appui aux théories de l'hérédité basées sur l'hypothèse des particules représentatives » ; cela prouve simplement, ce que je vais essayer de montrer au risque d'être accusé de paradoxe, que ces expériences *ne nous renseignent aucunement sur le grand problème général de l'hérédité, en vue duquel ont été édifiés les systèmes de Darwin et de Weismann*. C'est une toute autre question et qui n'a rien à voir avec l'hérédité proprement dite. M. Cuénot nous dit d'ailleurs que « l'hérédité mendélienne n'est pas le seul type héréditaire connu ; il y en a d'autres ; mais il paraît être très répandu dans les deux règnes et je crois que, lorsqu'on fera de nouvelles expériences et qu'on comprendra mieux les cas litigieux, son importance croîtra encore, surtout en ce qui concerne le phénomène capital de la disjonction des *caractères* dans les gamètes ». (*Op. cit. Rev. gén. sc.*, p. 308).

Voyons donc ce que c'est que l'hérédité mendé-

---

[1]. Parce que le langage des particules représentatives, calqué sur celui des microbes pathogènes, s'applique naturellement au cas où les caractères considérés sont comparables à des maladies microbiennes.

lienne. Voici comment M. Cuénot l'explique dans sa première note :

« Supposons que l'on croise deux plantes qui diffèrent entre elles par *n* caractères dont le plus frappant est, par exemple, la couleur de la fleur : appelons *a* la couleur de l'une des plantes et *b* celle de l'autre. Si ces caractères suivent la règle de Mendel, les produits du croisement présentent une uniformité absolue : tous les hybrides ont la couleur *a*, sans aucune trace de la teinte *b* ; on dit alors que le caractère *a* est *dominant* et que le caractère *b* est *récessif* (je préférerais le mot *dominé*). Si ces hybrides sont croisés entre eux, on obtient une deuxième génération qui se distingue de la précédente par le dimorphisme des individus : 75 p. 100 d'entre eux présentent le caractère dominant *a* et 25 p. 100 le caractère dominé *b*. Pour expliquer la réapparition du caractère dominé et le dimorphisme des descendants d'hybrides, Mendel et Naudin, mais le premier avec beaucoup plus de précision que le second, ont pensé que les caractères antagonistes *a* et *b*, juxtaposés dans l'œuf fécondé et sans doute dans les cellules somatiques qui en descendent, se disjoignent dans les gamètes qui, par conséquent, ne sont plus hybrides : la moitié de ceux-ci possèdent seulement le caractère *a*, l'autre moitié seulement le caractère *b*. Quand on croise les hybrides entre eux, il peut donc se former les quatre combinaisons suivantes de gamètes :

$$(a + a)\ (a + b)\ (b + a)\ (b + b)$$

Dans les trois premiers cas, la plante aura le caractère dominant a ; dans le quatrième, le caractère dominé b ; les plantes issues de $(a + a)$ et de $(b + b)$ possèdent les caractères a et b à l'état de pureté comme les parents du début : $(a + b)$ et $(b + a)$ sont des hybrides identiques à ceux qui résultaient du premier croisement. Cette hypothèse très simple de la disjonction a été surabondamment vérifiée par les différents auteurs cités plus haut, et il n'est pas douteux qu'elle correspond bien à la réalité des faits ». (*Arch. de zool. exp. et gén.*, 1902).

Ainsi donc, pour qu'un caractère suive la règle de Mendel, il faut qu'il réalise deux conditions :

La première et, à mon avis, la plus importante, est que, d'un individu à l'autre, la différence dont il est tenu compte dans les expériences d'hybridation consiste dans le fait que ce caractère *existe* chez le premier et est *absent* chez le second. C'est tout l'un ou tout l'autre. On n'a pas à s'occuper des différences individuelles de degré ; le caractère existe ou n'existe pas ; le phénomène est *discontinu*. Ce n'est évidemment pas quelque chose de comparable à l'existence du nez ou de la bouche ; nous ne sommes pas habitués à observer des croisements entre individus pourvus de nez et individus privés de cet appendice et à voir naître, de leurs accouplements, des individus dont les uns ont un nez, les autres pas. Au contraire, nous constatons une variété infinie dans les nez qui résultent des accouplements humains ; il y a entre les diverses parties de ces divers organes des différences individuelles de degré ; et ce sont précisément ces différences individuelles de degré qu'il faut expliquer dans les théories de l'hérédité.

La deuxième condition est relative à la prédominance d'un caractère sur un autre, prédominance qui se constate par l'uniformité des individus de première génération, lesquels ont uniquement le caractère mendélien d'un des parents ; cette deuxième condition est beaucoup moins importante que la première ; nous y reviendrons tout à l'heure.

Insistons d'abord sur cette particularité de la discontinuité. Les souris sont grises ou albinos ; elles sont tout l'un ou tout l'autre (je suppose pour le moment qu'il n'existe que ces deux types ; nous verrons ultérieurement que la complexité est plus grande). Les descendants d'un accouplement de grise et d'albinos sont ou complètement gris ou complètement albinos ; il n'y a pas de milieu, ou du moins, s'il existe des différences individuelles dans le pelage des souris grises, cela n'empêche pas qu'elles soient toutes séparées, par une large discontinuité, des souris albinos. De même un homme est syphilitique ou il ne l'est pas ; il peut y avoir des degrés de virulence dans la syphilis des gens infectés, mais cela n'empêche pas qu'il y ait une ligne de démarcation absolument tranchée entre ceux qui sont syphilitiques et ceux qui ne le sont pas.

Cette simple comparaison nous amène a baptiser *diathèses* les caractères que M. Cuénot appelle *mendéliens* et alors, nous emploierons pour raconter les phénomènes de croisement[1] entre individus pourvus de diathèses différentes, non pas le langage de Weismann, mais simplement celui de Pasteur. Et les lois de probabilité nous feront trouver exactement la règle de Mendel. Il faut d'ailleurs bien constater que les *particules* de Darwin ou de Weismann, susceptibles de se multiplier pour leur propre compte dans l'économie, se comportent exactement comme de petits microbes parasites. Il n'y a donc rien d'étonnant à ce que, quand il s'agit d'une *infection* facultative, le langage de Weismann soit parallèle à celui de Pasteur.

Voici une souris atteinte de diathèse grise ; toutes ses cellules, gamètes ou autres, sont infectées de microbes g ; je la croise avec une souris atteinte de diathèse albinos et dont les cellules sont toutes infectées de microbes a. Tous les œufs résultant de ces fécondations seront infectés de microbes g (à cause du gamète gris) et de microbes a (à cause du gamète albinos). Mais il se trouve que la diathèse grise se manifeste seule dans les individus pourvus des deux microbes a et g (antagonismes microbiens) ; tous les petits seront donc

---

1. Ce mot croisement est dangereux ; on emploie aussi à tort et à travers le mot hybridation ; il devient évident que si deux conjoints ne diffèrent que par une diathèse surajoutée à leur nature personnelle, les résultats de leur accouplement ne seront pas comparables à un métissage ou une hybridation.

gris; mais leurs gamètes seront infectés, d'après le calcul des probabilités, (surtout si l'on admet que la place est restreinte dans les gamètes), les uns de microbes a seulement, les autres de microbes g seulement; d'autres peut-être contiendront des mélanges $(a+g)$; on fera l'hypothèse qui conviendra le mieux à la narration des résultats des seconds croisements. Si l'on admet que chaque gamète ne peut contenir qu'un microbe, il y aura disjonction des diathèses dans les gamètes. Et par conséquent, dans les produits de seconde génération, il y aura des albinos purs, des gris purs et des gris infectés d'albinisme. C'est exactement la narration de M. Cuénot.

La même narration sera évidemment applicable à tous les cas d'hérédité mendélienne.

En réalité, pour les souris, le cas est plus compliqué que nous ne l'avons dit et que M. Cuénot ne l'avait cru dans sa première note. Il y a plus de deux diathèses; il y a des souris noires et des souris jaunes; ce qui donne les pigmentations, ce ne sont plus des microbes purs, mais des associations de microbes; pour qu'une souris soit noire, par exemple, il faudra qu'elle soit infectée à la fois par le microbe spécifique mélanogène et par un autre microbe chromogène, sans lequel le premier ne produit pas de matière noire; les albinos seront dépourvus de microbe chromogène (ou, si l'on préfère, pourvus d'un microbe qui empêche les autres de produire leur couleur grise, jaune ou noire; on fera l'hypothèse la plus adéquate aux résultats des croisements). On conçoit donc que des souris albinos, infectées néanmoins de microbes mélanogènes, par exemple, pourront donner des petits noirs, si on les croise avec une souris quelconque pourvue de chromogènes, c'est-à-dire non albinos.

Je ne fais que transcrire la narration de M. Cuénot en mettant microbe à la place de particule représentative et, dans l'espèce, cela ne change pas grand'chose, puisque ces particules représentatives sont précisément pourvues des propriétés des microbes. En d'autres termes, je remplace les particules *représentatives* par des particules *productrices de diathèses*[1], et cela n'a aucun inconvénient au point de vue de la narration des expériences qu'il relate; mais cela présente un grand avantage en ce sens que cela met les diathèses, les caractères à hérédité discontinue ou mendélienne, *en dehors* des caractères à hérédité continue, qui sont précisément ceux dont la transmission aux enfants nous intéresse particulièrement. Il est bien entendu que le bacille de Koch donne la tuberculose, que la bactéridie de Davaine donne le charbon, et l'on peut raconter de la même manière qu'un microbe mélanogène donne du pigment noir; mais il faut se défier d'un langage

1. On découvre chaque jour des microbes pathogènes beaucoup plus petits que ceux que le microscope permet de voir; quelques-uns d'entre eux sont admirablement connus par leurs effets; ils traversent les pores des filtres. Voyez à ce sujet l'article de E. Roux, dans le *Bulletin de l'Institut Pasteur*, 1re année, n° 1.

que l'on employait jadis pour raconter la genèse du nez et de la bouche et ne pas profiter des résultats précédents pour annoncer qu'il y a dans l'œuf un microbe rhinogène qui nous donne notre nez, comme le voulait le système des particules représentatives. Il ne s'agirait donc pas d'hérédité proprement dite dans les cas d'hérédité mendélienne, mais bien d'une sorte de *contagion* dont les gamètes seraient l'objet. En tout cas, il est bien évident que ces phénomènes d'hérédité discontinue ou de contagion ne sauraient aucunement nous renseigner sur les phénomènes d'hérédité continue ou proprement dite. *En accumulant des diathèses on ne fera pas un homme,* et, précisément, l'erreur de la théorie des particules représentatives était de croire qu'un œuf d'homme était formé d'une accumulation de petits microbes. Les faits d'hérédité mendélienne sont pour ainsi dire des *accidents* surajoutés à l'hérédité normale, comme une maladie est ajoutée à la physiologie normale d'un individu.

Le mot diathèse, dans son sens ancien, me paraît correspondre très heureusement à la définition des caractères mendéliens. Littré définit la diathèse : « Une disposition *générale* en vertu de laquelle un individu est atteint de plusieurs affections *locales* de même nature. » La diathèse albinos se manifeste par exemple dans les poils blancs de la souris et dans ses yeux dépigmentés ; la diathèse noire, dans les poils noirs de la souris et dans ses yeux noirs, etc. Les manifestations locales d'une même diathèse peuvent être fort différentes les unes des autres suivant l'organe atteint; de même la tuberculose osseuse diffère de la tuberculose pulmonaire. On donne le nom de caractères corrélatifs à ces diverses manifestations locales d'une diathèse unique; je cite M. Cuénot : « Il arrive très souvent qu'un certain nombre de caractères, séparables dans une description, forment, au point de vue héréditaire, un groupe inséparable qui se transmet tout entier : ainsi, dans les croisements de *Pisum arvense,* il y a quatre caractères qui s'héritent du même coup : fleurs rouges, taches rouge-violet à la base d'insertion des feuilles, tégument de la graine jaune verdâtre avec ponctuation violette et écusson brun brillant (Tschermak); il est possible que ces caractères résultent du développement d'une ébauche unique du plasma germinatif. » (*Rev. gén. sc.*, p. 308). Il est plus simple de dire que ce sont les manifestations locales d'une même diathèse. M. Giard a fait plusieurs remarques analogues : « Chez certaines espèces telles que la Douce-Amère (*Solanum dulcamara*), la Bardane (*Lappa minor*), il est facile de reconnaître les pieds à fleurs blanches longtemps avant la floraison, par la teinte vert clair du feuillage. Sur les Œillets de Provence, j'ai pu vérifier, grâce à M. B. Chabaud, de Toulon, que la couleur rouge, jaune ou blanche de la fleur est indiquée d'avance par la teinte correspondante des racines [1]. »

1. A. Giard. *Caractères dominants transitoires chez certains hybrides. C. R. Société de Biologie,* 28 mars 1903.

Loin de moi la pensée que, pour que des caractères soient corrélatifs dans un être vivant, il faille les attribuer à une diathèse; je suis au contraire convaincu de l'unité du patrimoine héréditaire de l'individu; mais l'interprétation par les diathèses enlève toute obscurité à la dépendance observée entre certains caractères mendéliens.

* * *

M. Cuénot donne, dans la *Revue générale des Sciences*, une série d'exemples de caractères mendéliens. Pour quelques-uns d'entre eux, il est évident que la première condition mendélienne (hérédité discontinue) entraîne forcément la seconde (prédominance d'un caractère), car il s'agit de caractères incompatibles. Par exemple quand on croise une Bryone dioïque avec une Bryone blanche monoïque, il est indispensable que le caractère de dioïcité se trouve seul chez les hybrides de première génération, car une plante ne peut pas être à la fois monoïque et dioïque; mais il n'en est pas de même dans tous les cas; il se pourrait, par exemple, que les souris qui ont à la fois l'infection grise et l'infection blanche fussent d'un gris clair au lieu d'être entièrement grises. Cela n'empêcherait pas les choses de se passer comme elles se passent, à la seconde génération. Et il y a peut-être lieu d'ajouter à la liste des caractères mendéliens d'autres caractères qui ont bien la particularité de l'hérédité discontinue, sans présenter de type dominant et de type récessif. Il sera facile de s'en assurer par des observations suivies.

Les animaux tachetés présentent un cas intéressant. Ceux qui ont, par exemple, des taches blanches et des taches noires, peuvent être considérés comme ayant la double infection blanche et noire, mais avec cette particularité que les deux microbes, répartis uniformément dans les espèces à pelage uniforme, et y constituant une sorte d'association fixe, sont, au contraire, libres l'un de l'autre dans les individus panachés, de manière à se dissocier et à se répartir en des régions différentes du corps. Cette particularité de la dissociabilité des deux microbes est héréditaire; M. Cuénot a montré que le caractère panaché est récessif par rapport au caractère teinte uniforme, ce qui n'a rien de particulièrement intéressant. Mais il est tout naturel, si l'explication précédente est bonne, que la panachure ne soit pas héréditaire *en tant que disposition topographique des taches*; c'est le hasard de la dissociation des éléments chromogènes au cours de l'évolution individuelle qui détermine les plaques colorées et blanches.

Je fais, depuis plusieurs années, une observation curieuse au sujet de chiens tachetés; il s'agit d'animaux qui ont, sur le corps, des taches d'un blanc pur, des taches grises formées d'un mélange de poils blancs et de poils noirs, et enfin, généralement, au milieu de ces dernières, des taches d'un noir pur; ce qui doit correspondre à l'existence de deux microbes, leucogène et mélanogène, séparés ou juxtaposés, suivant les régions du corps. Le premier chien que j'aie observé ayant cette robe particulière et qui existe encore, se tient ordinairement sur le trottoir de la rue Denfert-Rochereau, en face de la boutique du quincailler, aux environs du numéro 98. Ce chien est vairon; il a l'œil gauche d'un bleu de faïence. Depuis huit ans, j'ai rencontré plus de 20 chiens ayant la même robe et dont un seul avait les deux yeux normaux; tous les autres présentaient la couleur bleu faïence, soit aux deux yeux, soit à un œil, soit même dans une partie seulement d'un iris. Ces chiens appartenaient aux races les plus diverses, ce qui prouve bien que les diathèses pigmentaires sont indépendantes des caractères personnels et sont, pour ainsi dire, surajoutées aux individus. La diathèse mixte dont je viens de parler se manifeste par le caractère *bleu faïence* de l'iris lorsque le hasard fait que le microbe convenable se trouve réparti dans la région de l'œil, des deux yeux, ou même d'une partie de l'un d'eux seulement. Dans le cas, cité par Darwin, des chats mâles blancs et ayant les yeux bleus, la surdité est la manifestation de la diathèse pigmentaire dans la région de l'oreille. Une diathèse se manifeste, dans chaque partie du corps, d'une manière spéciale à cette partie du corps et cela explique certaines corrélations bizarres comme, par exemple, la pilosité des feuilles des *Matthiola* qui ont les fleurs foncées, etc.

*
* *

On mène grand bruit, depuis quelques années, autour de ces expériences d'hérédité discontinue ; je voudrais seulement avoir montré, dans les pages précédentes, que ces expériences n'ont pas la portée qu'on leur attribue. Elles sont certainement très intéressantes pour les horticulteurs et les éleveurs, mais elles ne nous renseignent pas sur l'hérédité proprement dite. J'ai déjà[1], depuis plusieurs années, attiré l'attention sur la nécessité de distinguer les cas d'hérédité proprement dite et les cas de contagion par l'élément reproducteur (la transmission héréditaire de la syphilis ou de la tuberculose, par exemple, si elles ont vraiment lieu ; celle de la pébrine des vers à soie, dans tous les cas). Que ces symbioses de certains microbes très petits avec les cellules des divers êtres vivants soient très fréquentes, cela n'est pas pour nous étonner ; plus nous avançons dans la connaissance des animaux et des végétaux, plus nous en constatons de remarquables. Et du moment qu'un caractère suit la règle de Mendel, nous pouvons raconter son histoire comme celle d'une diathèse et supposer que ce caractère est dû à un microbe qui infecte les éléments reproducteurs (sans être pour cela touché par la maturation sexuelle). Chose étrange, toutes les fois que nous pourrons, comme l'a fait M. Cuénot, appliquer, avec vraisemblance, à la narration d'un phénomène, la théorie anti-

1. V. l'*Unité dans l'être vivant*, p. 174.

scientifique des particules représentatives, cela nous prouvera précisément que ce phénomène n'est pas un phénomène d'hérédité, mais de contagion. La loi de Mendel ne nous fait faire aucun pas dans la connaissance du mécanisme de l'hérédité ; elle ne nous renseigne aucunement sur la manière dont la fusion du spermatozoïde et de l'ovule détermine les propriétés de l'individu nouveau ; elle nous apprend seulement que, dans ces deux éléments sexuels complémentaires, il existe des éléments parasites capables de transmettre les diathèses de génération en génération. Mais, je le répète, ce n'est pas l'accumulation de ces diathèses qui nous expliquera la formation de l'homme ; le phénomène de l'hérédité amphimixique, qui fait qu'un œuf fécondé microscopique détermine un homme avec son admirable mécanisme et son cerveau pensant, n'est aucunement éclairé par la répartition des infections entre les descendants d'ancêtres pourvus de diathèses différentes, suivant le calcul des probabilités. A ce propos, un mot encore en terminant : L'année dernière (*Rev. gén. des sc.*, 30 septembre 1903), M. Cuénot m'a fort courtoisement reproché d'avoir parlé des *caprices* de l'hérédité amphimixique. Je m'étais un peu étonné, à cette époque, de me voir refuser le droit de considérer comme capricieux le phénomène qui, encore aujourd'hui, me paraît le plus capricieux des phénomènes. Je trouve, dans le récent article de cet auteur, l'explication de la remarque de M. Cuénot : « Pour la première fois, dit-il, en partant de données expérimentales, les recherches nouvelles ont permis d'introduire dans les phénomènes héréditaires *la précision mathématique et la possibilité de prévoir, là où l'on ne voyait que hasard et caprice.* » (*Rev. gén. des sc.*, 30 mars 1904, p. 303.) Il s'agit, bien entendu, de la loi de Mendel ; mais, d'abord, cette loi ne s'applique qu'à un petit nombre de caractères à hérédité discontinue qu'il appelle mendéliens et que je préfère nommer diathèses ; ensuite, même en ce qui concerne la pigmentation des souris, caractère mendélien, le résultat des accouplements croisés ne peut se prévoir avec précision, au point qu'on puisse affirmer que tel petit aura telle robe ; on peut seulement prévoir que, sur un grand nombre d'accouplements, il y aura environ tant de petits de telle couleur ; on fait cette prévision par le calcul des probabilités qui, précisément, autant que je l'ai appris autrefois, s'applique aux cas n'ayant d'autre règle que le hasard.

CHAPITRE XIX

L'ATTRACTION SEXUELLE

§ 57. L'amour.

La généralité du processus de la reproduction sexuelle m'a amené à penser que le phénomène même de la vie élémentaire manifestée, l'assimilation, contient les éléments du phénomène sexuel; en d'autres termes, que la substance vivante elle-même est *bipolaire*, que sa molécule contient un pôle mâle et un pôle femelle et qu'un élément sexuel mûr ne contient plus, au lieu de molécules complètes, que les pôles de même nom des molécules de l'individu reproducteur; par conséquent, que deux éléments de sexe opposé et de même espèce sont complémentaires et se complètent, en effet, dans l'acte de la fécondation [1].

Cette hypothèse permet de concevoir, par de simples comparaisons physiques, *l'attraction sexuelle* qui se manifeste, dans toutes les espèces vivantes, entre éléments de sexe contraire; et, quand les individus sont unicellulaires, il n'y a aucune difficulté de plus. Le « rut des infusoires », comme disait Balbiani, se réduit à une attraction directe entre éléments sexuels mûrs.

1. V. *Traité de biologie, op. cit.*, chap. **IV**.

Il est moins facile d'arriver, en partant de cette seule considération, à la compréhension de l'amour qui se manifeste entre mâle et femelle chez les animaux élevés en organisation.

D'une manière générale, on peut considérer comme établi, chez tous les animaux supérieurs, le principe de la génération alternante que nous avons signalée précédemment chez les Fougères (v. § 54). Dans la profondeur des tissus de l'individu, une cellule, que l'on peut comparer à la spore de la Fougère, se développe en donnant lieu à un amas cellulaire comparable au *Prothalle*; c'est dans ce *Prothalle*, parasite chez l'individu qui l'a produit, et appelé glande génitale, que se produisent les éléments sexuels mûrs. Le dit prothalle se comporte, d'ailleurs, comme un parasite et influe sur la morphologie de son hôte, comme la larve d'insecte cécidogène sur le tissu végétal qu'elle habite; on donne le nom de caractères sexuels secondaires aux modifications causées chez l'individu par l'influence de son prothalle parasite; c'est par ces caractères que l'individu portant un prothalle à produits mâles (individu mâle) diffère de l'individu portant un prothalle à produits femelles (individu femelle).

Chez certaines espèces, les choses en restent là; les oursins mâles vivent sur leurs rochers, côte à côte avec les oursins femelles; quand les produits génitaux sont mûrs, ils sortent dans la mer et là, sous l'influence de l'attraction sexuelle, les spermatozoïdes rencontrent et fécondent les ovules; il est évident, d'ailleurs, que des millions et des millions d'éléments sexuels se perdent purement et simplement, et se détruisent ou sont dévorés. Dans ces espèces, le mâle ne connaît pas la femelle, et il ne peut naître en lui aucun sentiment pour elle.

Chez les animaux plus élevés en organisation, il arrive, au contraire, que les différences sexuelles secondaires prennent un caractère particulier et donnent à l'individu mâle et à l'individu femelle un aspect *complémentaire*, analogue à celui des éléments sexuels eux-mêmes ; chez ces animaux, la fécondation n'est plus livrée au hasard ; les produits mâles sont déposés dans une cavité spéciale où ils ont les plus grandes chances de rencontrer les produits femelles. Quelle est l'origine ancestrale de cette particularité ? Mystère ! Les animaux qui en sont doués ont été trop profondément modifiés par la longue habitude de la copulation, pour que nous puissions trouver en eux, aujourd'hui, les éléments primitifs de cet acte, lequel, d'ailleurs, je le répète, n'est pas général, n'est pas fondamental et obligatoire.

Peut-être, chez certaines formes ancestrales simples, l'évacuation des produits d'un certain sexe ne se faisant pas naturellement comme chez les oursins, l'attraction par les produits de sexe opposé *aidait* à cette évacuation salutaire ; le mâle cherchait donc un *soulagement*[1] dans le voisinage de la

1. Car la présence d'une accumulation de produits sexuels ans un individu lui est douloureuse et nuisible.

femelle et s'efforçait naturellement de rendre ce voisinage plus immédiat en se servant, comme toujours, des outils qu'il avait à sa disposition ; c'est ainsi que, vraisemblablement, les caractères sexuels secondaires des espèces copulatrices ont pris peu à peu cette apparence d'instruments complémentaires ; la sélection naturelle a, d'ailleurs, développé ces caractères spéciaux par lesquels la fécondation se trouvait assurée d'une manière plus immédiate, et l'on peut même s'étonner que la copulation, évitant la perte d'un grand nombre d'ovules non fécondés, ne se soit pas imposée progressivement à tout le règne animal. Il est vrai que, chez les oursins, par exemple, le nombre formidable des éléments sexuels lutte victorieusement contre l'inexistence du processus fécondateur ; et puis, nous ne connaissons pas assez l'histoire naturelle des oursins pour avoir le droit d'affirmer que, aux profondeurs de la mer, certains êtres nageurs ne favorisent pas la fécondation des œufs d'oursin, comme les insectes assurent la pollinisation des stigmates des fleurs.

Quoi qu'il en soit de la plus ou moins grande vraisemblance de l'interprétation que nous venons de proposer de la genèse du processus copulateur, il est certain que, dans la lignée ancestrale des mammifères, par exemple, l'*habitude* de la copulation est infiniment ancienne ; et, comme toutes les vieilles habitudes, elle a fini par se fixer dans notre organisme, indépendamment de toute relation avec son utilité primitive ; ce qui est devenu naturel chez les individus, ce sont les appétits copulateurs et les mouvements qui réalisent la copulation. L'amour de l'homme pour la femme est aussi éloigné aujourd'hui de son origine que la conscience morale est distincte des considérations utilitaires qui lui ont donné naissance. Et de même que la conscience morale peut nous dicter des actes contraires à la satisfaction de nos besoins immédiats, de même l'amour, habitude ancestrale fixée, actuellement affaire d'épiderme et de contact voluptueux, peut aller contre son objet primitif et prendre un caractère opposé à la reproduction, comme dans l'églogue où Virgile chante les ardeurs désespérées du berger Corydon.

Ce nouveau sentiment métaphysique, se mêlant dans notre mécanisme à d'autres sentiments également détournés de leur origine, le sentiment moral, le sentiment religieux, le sentiment du beau, etc., réalise, indépendamment de toute consécration reproductrice ou même voluptueuse, la plus haute chimère dont s'enorgueillisse la folie humaine, l'amour pur, l'amour chaste, l'amour céleste des nonnes et des saints [1].

[1]. L'amour maternel, qui a pris dans l'espèce humaine, une si haute signification morale, n'a-t-il pas eu comme origine première, chez les femelles de mammifères, le souci d'être débarrassées de leur lait; chez les oiseaux ce serait tout autre chose, et d'ailleurs, dans un très grand nombre d'espèces animales, le sentiment maternel n'existe pas; les parents ne connaissent pas leurs enfants.

PREMIER APPENDICE

COMPLÉMENT AU § 3.

LES FORMES DE L'ÉNERGIE

La première acception du mot *travail* a, sans doute, été purement humaine; un homme disait qu'il avait travaillé quand il avait réalisé, au prix d'un effort, une transformation utile du milieu ambiant; on appelait *énergie* l'aptitude de chacun à fournir plus ou moins de besogne, sa *capacité de travail*.

Plus tard, on imagina d'employer au profit de l'homme certains mouvements naturels; le vent, les chutes d'eau nous dispensèrent d'écraser nous-mêmes notre blé; la notion de travail s'étendit à des machines dont le fonctionnement était utile à l'homme; on évalua l'*énergie* de ces systèmes de la nature brute; il fut possible de faire cette évaluation avec précision, de *mesurer* le travail produit, et la notion d'énergie quitta le monde humain pour entrer dans la mécanique.

Diverses transformations du monde ambiant sont utiles à l'homme.

Le déplacement plus ou moins rapide des objets les uns par rapport aux autres produit des résultats extrêmement variés; on réunit ces résultats sous la dénomination commune de *travail mécanique*.

La combustion et les autres transformations d'ordre chimique déterminent :

D'une part, des phénomènes calorifiques que l'homme utilise soit directement, pour se chauffer, soit indirectement pour produire d'autres phénomènes chimiques (cuisson des aliments, etc.) ou des phénomènes mécaniques (machines thermiques);

D'autre part, des phénomènes lumineux, dont l'homme se sert, soit directement pour éclairer les objets qui l'entourent, soit indirectement, pour produire d'autres phénomènes chimiques (photographie par exemple) ;

D'autre part encore, des phénomènes électriques que l'homme n'emploie guère directement sauf dans certains cas médicaux, mais qu'il utilise de plus en plus pour la production de mouvement ou de réactions chimiques nouvelles.

Ainsi donc, en se servant convenablement d'une combustion, on peut réaliser des transformations suivant tous les modèles connus de l'homme ; de même, un phénomène mécanique peut donner naissance à des manifestations calorifiques, lumineuses, électriques, chimiques ; la chaleur solaire alimente les rivières et les torrents en transportant l'eau sur les sommets ; elle fait pousser les arbres dont le bois nous sert ensuite à faire du feu. L'activité du monde ambiant se compose d'une série de transformations de modèles différents ; on donne à ces divers *modèles de transformations* le nom de *formes de l'énergie*.

Les savants du xixe siècle ont établi *l'équivalence des diverses formes de l'énergie ;* ils ont appris à *mesurer* en nombre précis la valeur particulière de chaque transformation d'un modèle donné et ils se sont ensuite efforcés de montrer qu'une même quantité d'une certaine forme d'énergie, se trouve toujours transformée en des quantités *équivalentes* des autres formes d'énergie, de manière que, à chaque instant, l'énergie totale d'un système *isolé* n'ait pas varié. En réalité, c'est cette équivalence même qui a servi à évaluer les quantités d'énergie autre que l'énergie mécanique, en fonction de l'énergie mécanique, seule mesurable dans le système fondamental des unités humaines. Quoi qu'il en soit, le principe de la *conservation de l'énergie* est aujourd'hui la base de tous les calculs scientifiques.

Il faut bien remarquer d'ailleurs que, au cours de toutes les recherches de plus en plus précises auxquelles a donné lieu le principe d'équivalence, la notion primitive et humaine d'énergie s'est légèrement modifiée ; il ne s'agit plus aujourd'hui de l'aptitude d'un système à fournir *à l'homme* plus ou moins de travail ; on parle couramment de l'*énergie utilisable* par opposition avec une *énergie inutilisable* qui, dans l'ancienne conception, n'aurait pas eu de sens. Cette modification a été nécessaire à la rigueur du principe de la conservation de l'énergie dégagé de ses entraves humaines ; *par rapport à l'homme* le principe de la conservation de l'énergie n'est qu'une *loi approchée* à laquelle il faut joindre comme correctif un *principe d'évolution* qui domine toute la physique. J'ai étudié ces questions ailleurs[1], je me contente d'en rappeler ici ce qui est nécessaire à la compréhension de cette question qui dissimule des préoccupations d'ordre métaphysique : « Les phénomènes vitaux représentent-ils une forme spéciale de l'énergie ? »

Et d'abord, qu'entend-on par forme *spéciale* de l'énergie ? Il est entendu que les diverses formes de l'énergie connues de l'homme sont transformables l'une dans l'autre et que, par conséquent, rien d'*essentiel* ne permet de les séparer dans le monisme universel; ce qui les distingue c'est l'aspect de leurs rapports avec l'homme, c'est la manière dont l'homme les connaît, et, par conséquent, si nous n'attribuons pas au point de vue humain une valeur absolue, rien ne nous contraint de limiter, d'après les sensations de l'homme, le nombre des formes d'énergie. La bielle d'une machine à vapeur reçoit du piston un mouvement alternatif que son articulation avec la manivelle transforme en un mouvement rotatoire ; le mouvement alternatif de va-et-vient et le mouvement rotatoire méritent-ils d'être appelés des formes *différentes* de l'énergie ? Je me rappelle avoir éprouvé, dans mon enfance, une grande difficulté à comprendre cette transformation de mouvement que la physique élémentaire dont je disposais n'expliquait pas suffisamment (probablement parce que l'auteur avait jugé la chose trop claire), et je n'ai pas oublié la joie que me procura la vue d'un appareil de remouleur où il me fut possible de suivre plusieurs jours, avec une admiration intense, le jeu de la bielle et de la manivelle. Quant au jeu de l'excentrique, je ne le compris que bien plus tard, quand je vis une machine à vapeur. Me rappelant aujourd'hui combien ces mécanismes m'ont paru extraordinaires, je ne puis m'empêcher de me demander à quoi l'on

---

1. *Les Lois naturelles*, Paris, Alcan, 1904.

décidera que la différence entre deux modes d'activité est suffisante pour qu'on les rapporte à des formes distinctes de l'énergie ; la règle la plus ordinaire est que toute activité qui se transmet se transforme plus ou moins ; qu'appelle-t-on une forme *spéciale* d'énergie ?

Si je raconte l'histoire d'une locomotive, je dis que la combustion du charbon, par l'intermédiaire de la vapeur d'eau, détermine un mouvement de va-et-vient du piston, par suite d'une disposition spéciale de la machine ; ce mouvement de va-et-vient se transforme, par l'intermédiaire d'un mouvement rotatoire et du frottement des roues sur les rails, en un mouvement continu de translation en avant. Ai-je le droit d'établir entre la chaleur et le mouvement du piston qui en résulte indirectement, une ligne de démarcation plus profonde que celle que j'établis entre le mouvement de va-et-vient, le mouvement de rotation et le mouvement de translation ? Peut-être ma seule raison d'agir ainsi vient-elle de ce que j'applique primitivement la même dénomination de *mouvement* à des choses aussi différentes qu'un va-et-vient, une rotation, une translation, phénomènes qui, en réalité, n'ont de commun que la manière dont nous les observons, avec nos yeux, tandis que nous sentons la chaleur par un autre procédé. C'est toujours le point de vue humain.

Autre chose. Nous appelons *forme d'énergie* un *modèle de transformation*. Si cela est, pouvons-nous parler d'énergie *accumulée* sous une certaine *forme ?* Y a-t-il une définition *statique* des formes d'énergie ?

Voici un litre d'eau suspendu à un mètre au-dessus d'un point donné. Si ce litre d'eau descend d'un mètre il aura accompli un certain travail facile à calculer ; mais ce travail, l'accomplira-t-il forcément sous forme mécanique de chute ? Serait-il absurde de supposer, par exemple, qu'une partie de ce travail se manifestera *directement* sous forme calorique par une évaporation suivie d'une condensation au niveau d'une paroi froide ?

Ce que nous permet d'établir le principe de la conservation de l'énergie, c'est une relation entre l'état initial et l'état final d'un système, sans aucune allusion aux *formes* des phénomènes intermédiaires. Et encore, l'état final et l'état initial sont-ils susceptibles d'une description vraiment statique ? Ce mot statique est dangereux et correspond à des idées fausses dans l'esprit de beaucoup de philosophes.

Si l'on se place, par exemple, dans la théorie cinétique, l'aspect statique d'un système est simplement la conséquence de cette particularité que la nature des mouvements qui s'y produisent ne subit, pendant qu'on les observe, aucune transformation, mais, d'après la *forme* qu'ont ces mouvements au moment où on observe un *état* du système, on ne peut prévoir le *modèle de transformation* qui suivra lorsque les circonstances changeront ; on peut seulement calculer la quantité d'énergie qui deviendra disponible dans certaines circonstances. Les considérations relatives aux *formes d'énergie* n'ont qu'un intérêt secondaire, se rapportant à des phénomènes *adventifs*.

Voici, par exemple, une chute d'eau à débit constant; cette chute d'eau est entretenue indirectement par l'énergie solaire; je l'emploie à faire tourner une turbine qui actionne une dynamo et je me sers du fonctionnement de cette dynamo pour charger un accumulateur. Qu'ai-je accumulé dans mon accumulateur? l'énergie solaire, l'énergie de la chute d'eau, l'énergie de la turbine ou l'énergie électrique?

Mon accumulateur chargé présente la particularité qu'il est susceptible d'une description statique commode; l'ensemble des phénomènes que je viens de décrire a pour résultat la fabrication de peroxyde de plomb; j'aurais pu obtenir la même fabrication par d'autres procédés. De même, je puis utiliser l'énergie accumulée sous cette forme particulière, soit en faisant restituer l'électricité par mon accumulateur, soit en transportant ailleurs mon peroxyde de plomb et en l'employant à tel usage que je voudrai. Entre ces deux étapes du phénomène, chaleur solaire et peroxyde de plomb, j'ai pu décrire un certain nombre d'intermédiaires, évaporation de l'eau, condensation, chute d'eau, turbine, dynamo, mais je n'ai aucune raison de supposer que ces intermédiaires ont, en dehors du point de vue humain, une importance plus grande que d'autres intermédiaires que je néglige parce que je ne les connais pas.

On a l'habitude de dire qu'on accumule de l'électricité dans l'accumulateur, parce qu'on se sert ordinairement de l'accumulateur pour restituer des courants électriques, mais on pourrait s'en servir pour toute autre chose. De plus, on pourrait, au lieu d'un accumulateur à lames de plomb, employer un appareil qui ferait une toute autre synthèse chimique. Donc, d'une part, le même accumulateur peut être utilisé pour produire diverses *formes d'énergie*, d'autre part, les mêmes formes d'énergie peuvent déterminer dans des accumulateurs différents des synthèses chimiques toutes différentes. On voit tout ce qu'a de contingent la considération des formes d'énergie.

Dans ce cas des substances chimiques, on emploie la même expression, synthèse chimique, pour raconter la formation de corps différents; de même pour le va-et-vient, la rotation et la translation, nous avions employé le seul mot *mouvement*. La même question se pose donc, quoiqu'il *s'agisse* maintenant de magasins statiques d'énergie. Y a-t-il des raisons pour donner une dénomination unique à tous les magasins d'énergie chimique ? Il est facile du moins, si l'on prend cette détermination, d'accoler à chaque magasin d'*énergie chimique* une dénomination particulière, *spécifique*, savoir, précisément, le nom de l'*espèce chimique* considérée.

Toutes ces considérations, un peu subtiles il faut l'avouer, ne sont pas inutiles à l'examen de la question, que se sont posée certains savants, de savoir si l'on peut trouver dans la vie une forme d'énergie particulière. L'observation la plus élémentaire nous prouve que les êtres vivants des diverses espèces se distinguent, non seulement par leur forme, mais par leur mode d'activité : chacun agit suivant sa nature et, si l'on fait abstraction des différences individuelles qui sont pourtant loin d'être négligeables, il faudra du moins se résoudre, dans une première approximation, à admettre l'existence d'autant de *modèles de transformation d'activité* qu'il y a d'*espèces* animales et végétales. Chacun de ces modèles est *extrêmement complexe* et nous ne pouvons actuellement donner d'aucun d'eux une description totale qui nous permette de prévoir quel sera son mode d'activité dans des circonstances données.

Y a-t-il quelque chose de commun à toutes ces formes spécifiques d'activité ? Cela est vraisemblable *a priori* puisque nous savons ordinairement et sans difficulté déclarer que tel objet est un être vivant, que tel autre objet est un corps brut : notre premier but doit donc être de rechercher à quel caractère nous reconnaissons que des mécanismes, aussi différents qu'un hanneton, un ver de terre et un navet, méritent la dénomination commune d'être vivants. Ce caractère nous ne le trouvons évidemment pas dans les résultats *extérieurs* de l'activité de ces trois espèces considérées comme des transformateurs d'activité ; ces résultats extérieurs sont en effet spécifiques et ne présentent aucun caractère de généralité.

Un *homme* consomme certains aliments et fournit du travail d'homme ; un ver de terre consomme des aliments différents et fournit un travail différent. Ce qu'il y a de commun à ces deux cas c'est donc qu'un certain travail résulte, dans chacun d'eux, d'une certaine dépense, mais on peut en dire autant de n'importe quelle machine qui n'est pas vivante.

Dans une machine à vapeur, on trouve une vérification du principe de la conservation de l'énergie, c'est-à-dire que le travail[1] extérieur total représente la valeur des matériaux consommés, sauf une petite quantité, variable avec les machines, et qui a eu pour effet de déterminer une modification *intérieure* de la machine. La même chose se retrouve dans un être vivant ; le travail extérieur fourni représente la valeur des matériaux consommés, sauf une quantité, variable avec les espèces, avec les individus, et même avec l'âge des individus, et qui a eu pour effet de déterminer une modification *intérieure* de l'être vivant.

On dit qu'un animal est adulte quand cette modification intérieure est peu sensible pour une grande quantité de transformations extérieures ; considérons par exemple un homme dans la force de l'âge ; nous pouvons rester un mois sans le voir, nous ne trouverons pas qu'il se soit sensiblement modifié, et cependant il aura, pendant ce mois, fourni le travail de sa profession, fabriqué de l'acide carbonique, de l'urine, etc., en consommant de l'oxygène et des aliments variés. Si nous nous

1. Il est bien entendu que le mot travail représente ici, évaluées en une unité commune, toutes les formes d'énergie restituées par la machine (chaleur, fumée, etc...)

bornions à l'étude des êtres adultes, nous aurions de la peine à trouver la caractéristique commune des êtres vivants, chacun d'eux se comportant seulement comme un transformateur d'activité d'un modèle tout spécial. Puisqu'il n'est pas possible d'établir de parité entre les transformations extérieures déterminées par les diverses espèces vivantes, nous devons chercher le *quid proprium* qui caractérise la vie dans les transformations *intérieures* qui accompagnent l'activité vitale, et il est logique de s'attaquer pour cela aux époques de l'existence individuelle pendant lesquelles ces transformations intérieures sont le plus sensibles, c'est-à-dire de choisir tout autre état que l'état adulte.

A l'état adulte, on pourrait écrire l'équation : « L'énergie consommée par l'individu égale l'énergie transformée par lui et restituée à l'extérieur, *à très peu de chose près* » ; c'est précisément ce correctif « à très peu de chose près » qui va nous être utile maintenant, car ce sont les petites variations de l'individu qui, s'accumulant au cours des temps, nous permettront de caractériser la vie.

Appliquons, par exemple, le principe de la conservation de l'énergie à l'ensemble des transformations produites par un homme depuis l'âge d'un an jusqu'à l'âge de trente ans ; nous pourrons écrire :

« L'énergie consommée par l'individu depuis l'âge d'un an jusqu'à l'âge de trente ans, égale l'énergie transformée par lui et restituée par lui pendant ces vingt-neuf ans, augmentée d'une certaine quantité qui représente la différence entre l'énergie emmagasinée dans l'homme de trente ans et l'énergie emmagasinée dans l'enfant d'un an. »

Entre l'homme de trente ans et l'enfant d'un an, les différences sont multiples ; elles se manifestent, tant dans le mécanisme que dans la quantité de substance constitutive et, suivant les tendances de l'observateur, il sera plus immédiatement frappé par telle ou telle de ces différences. Non seulement l'homme est plus gros que l'enfant, mais il est une machine tout autre qui fonctionne d'une manière tout autre.

Nous devons répéter ici ce que nous avons dit précédemment pour les accumulateurs électriques ; un accumulateur, chargé par un courant électrique peut, dans certaines conditions, restituer un courant électrique, mais il peut, dans d'autres conditions, rendre, sous une forme tout autre, l'énergie qu'il a emmagasinée, et, ce qui est important au point de vue de l'évaluation de cette énergie, ce n'est pas le dispositif mécanique de l'accumulateur, mais la quantité de substance chimique dont il est chargé.

De même un homme de trente ans, résidu de trente ans de travail d'homme, peut, dans certaines circonstances, continuer à fournir du travail d'homme ; mais il peut aussi, s'il lui arrive un accident objectivement peu important, l'écrasement du nœud vital par exemple, devenir un transformateur d'une tout autre nature dans lequel le principe de la conservation de l'énergie ne cesse pas de s'appliquer.

Ce qui est donc important, au point de vue de l'évaluation de l'énergie accumulée dans l'individu, c'est, non pas le mécanisme même de l'homme, mais la quantité, la nature et la disposition des substances chimiques qui le constituent.

Ainsi, même en nous plaçant au point de vue énergétique, nous sommes amenés à considérer comme un phénomène de première importance la fabrication des substances chimiques constitutives.

Non pas que la structure du mécanisme ne soit également fort digne d'étude ; nous avons vu, au contraire, que le point le plus intéressant de la biologie est la constatation du parallélisme établi entre la structure individuelle et la composition chimique. Retenons seulement ceci, que la recherche, au point de vue énergétique, de quelque chose de commun à tous les êtres vivants, nous a conduits à une formule chimique. Nous avons vu précédemment ce qu'il y a de commun aux formules chimiques des diverses espèces animales et végétales.

Ceci nous ramène à notre question initiale dont nous nous sommes un peu écartés, nous devons l'avouer. Peut-on trouver dans la vie une forme spéciale de l'énergie ? Si l'on accepte de considérer autant de formes d'énergie qu'il y a d'espèces chimiques, la réponse n'est pas douteuse ; il y a autant de formes spéciales d'énergie que d'espèces vivantes, puisque chaque espèce vivante a certainement son activité chimique propre. Si l'on convient au contraire de réunir sous l'appellation commune *d'énergie chimique* toutes les formes spécifiques d'énergie, le problème se pose de savoir :

1º Si les énergies spécifiques des diverses espèces vivantes peuvent être considérées comme entrant dans le cadre général de l'énergie chimique, ou si elles s'en distinguent d'une certaine manière ;

2º Si, (dans le cadre de l'énergie chimique ou en dehors de ce cadre suivant la réponse à la première question), toutes les énergies spécifiques méritent d'être réunies sous une dénomination commune d'énergie vitale.

Quand on se place au point de vue de la conservation de l'énergie, on n'a pas à s'occuper des manifestations intermédiaires, et l'on se contente de comparer l'état initial et l'état final ; au contraire, pour résoudre les deux questions précédentes, il faut observer à chaque instant les manifestations de tout ordre de l'activité vitale. De même, au point de vue de la conservation de la matière, on se borne souvent en chimie à constater que tous les matériaux qui sont entrés en jeu dans une réaction se retrouvent dans ses produits ; il n'en est pas moins intéressant de constater les manifestations calorifiques, lumineuses, électriques, qui accompagnent ces réactions. Quelques auteurs ont prétendu que toutes les activités vitales ont pour conséquence commune la production de certains phénomènes physiques qui n'appartiennent pas à la nature brute ; un ouvrage a été intitulé : *La vie, mode de mouvement*[1]. La découverte récente des radiations N a donné à ces idées une vogue passagère, quoique ces radiations spéciales puissent tirer leur origine aussi bien de corps bruts comprimés que d'êtres vivants.

Nous ne connaissons pas de réaction chimique qui ne s'accompagne pas de phénomène physique ; on peut même affirmer que les phénomènes physiques sont différents suivant la nature chimique des corps qui réagissent ; telle réaction donne de la lumière bleue, telle autre de la lumière rouge ; il y a donc des radiations de longueurs d'onde variées et qui correspondent à

1. PRÉAUBERT. Paris F. Alcan.

des réactions chimiques bien déterminées ; si les réactions vitales s'accompagnent de radiations dont les longueurs d'onde sont comprises entre certaines limites, cela prouvera simplement, chez les substances vivantes, l'existence d'une particularité chimique spéciale, ce dont personne ne doute puisque les substances vivantes *se distinguent* des substances brutes.

Au fond, derrière ces recherches, se cachent des préoccupations peu scientifiques et qui correspondent, si je ne me trompe, à une erreur de méthode.

Lorsqu'au lieu de limiter notre observation à des êtres vivants autres que nous, nous nous observons nous-mêmes, nous constatons cette particularité spéciale de notre mécanisme qui fait que nous pouvons observer et réfléchir ; et au lieu de nous borner à la constater, nous avons la préoccupation métaphysique de *l'expliquer* ; nous ne pouvons savoir si cette particularité existe en dehors de nous, mais nous avons une tendance à croire, pour des raisons de similitude, qu'elle existe chez nos semblables et qu'elle manque aux substances brutes ; aussi ne sommes-nous pas fâchés de croire qu'une manifestation d'ordre physique nous distingue des corps bruts, correspondant à cette pensée dont nous nous supposons seuls propriétaires.

Qu'il y ait une relation de cause à effet entre notre activité vitale et les radiations qui peuvent émaner de nous, cela ne me paraît pas douteux, pas plus que je ne puis révoquer en doute la liaison qui existe entre la combustion et la détonation de la poudre ; mais que ces émanations constituent un transport de notre pensée, cela me paraît n'être pas encore démontré ; de même, quoique j'entende de loin le sifflet de la locomotive, je n'ai pas la prétention de croire que ce bruit me renseigne sur le mode d'activité actuelle de cette machine[1]. Cependant la merveilleuse invention appelée phonographe peut laisser espérer la découverte d'un appareil encore plus merveilleux qui serait le *phrénographe* ; je ne sais pas si cela se réalisera, mais même alors que cette découverte serait réalisée, cela ne prouverait pas que les radiations humaines représentent

---

1. En d'autres termes, la relation qui existe entre les phénomènes psychiques et les radiations émanées de l'homme est peut-être très compliquée au lieu d'être simple et immédiate comme le pensent quelques-uns.

une forme spéciale d'énergie : la voix humaine n'est pas d'une autre essence que les vibrations sonores issues de corps bruts.

Or, si les radiations humaines ne diffèrent des autres radiations que par leur longueur d'onde, elles entrent dans le cadre de la physique des corps bruts ; l'influx nerveux paraît avoir, à la vérité, une vitesse de propagation très spéciale, mais cette vitesse est peut-être simplement caractéristique du degré de viscosité de la substance du nerf ; de même le son se propage avec des vitesses différentes dans divers milieux. Si donc l'on tient absolument à décider qu'il y a, dans les êtres vivants, une énergie *particulière*, il faudra se rabattre sur des choses non observables et déclarer, par exemple, que les mouvements intramoléculaires des substances vivantes diffèrent de tous les autres mouvements ; mais cette affirmation n'aura rien de scientifique ; elle pourra peut-être conduire à des considérations verbales, mais ce sera tout ; c'est ainsi que le docteur Bard a démontré (?) le fait suivant : La vie est une force (?) à direction circulaire (?!).

Je demande pardon au lecteur d'insister si longuement sur ces considérations qui paraissent étrangères au sujet de ce volume ; elles ne sont pas inutiles à la compréhension du problème des influences ancestrales et il m'a paru indispensable de les exposer longuement à cause de la tendance au mysticisme qui semble avoir envahi tant de cerveaux à l'aurore du vingtième siècle.

DEUXIÈME APPENDICE

L'INFLUENCE ANCESTRALE DU MILIEU MARIN

Que la vie soit un phénomène aquatique, personne n'en a jamais douté; l'assimilation ne peut pas plus se passer d'eau qu'elle ne peut se passer d'oxygène et de corps azotés et carbonés; que cela se soit toujours passé ainsi, il est difficile de ne pas l'admettre, et, par conséquent, on doit penser que la vie a apparu dans l'eau. M. Quinton vient de le démontrer dans un gros livre; il s'est, en outre, demandé dans quelle eau? A cela personne n'a jamais répondu; on ne sait même pas (et je crois qu'on ne saura jamais) si la vie a apparu en un ou plusieurs points de notre globe et si l'on peut considérer les êtres actuels comme descendant d'un ou de plusieurs ancêtres distincts. M. Quinton affirme que la vie a apparu dans *la mer* et s'appuie pour cela sur le fait qu'il y a du sel marin dans tous les milieux intérieurs des êtres qu'il a analysés; il va plus loin; il annonce que le milieu intérieur des êtres actuels est de l'eau de mer, *plus ou moins diluée* suivant les cas; et il considère ce fait (?) comme résultant d'une conservation mystérieuse du milieu vital PRIMITIF; c'est même là qu'est le nœud de sa démonstration de l'origine marine de la vie. Cette *dilution*, qui conserve uniquement les proportions du mélange de sels de l'eau de mer, est vraiment bien curieuse; il me semble même que, dans un grand nombre de cas, le fait ne doit se vérifier que si l'on convient de diluer l'eau de mer *dans une eau contenant déjà certains sels*, des sulfates, par exemple, pour l'algue barégine ou les sulfobactéries. Et cela admis, il n'est pas besoin de faire des mesures; on pourra toujours déterminer un liquide qui, ajouté à une certaine quantité d'eau de mer, reproduise le milieu salin de l'être vivant considéré.....

Je suppose même, ce qui n'a pas lieu, que, dans tous les milieux intérieurs des êtres vivants, on trouve de l'eau de mer et uniquement de l'eau de mer pure? Ce serait de l'eau de mer *actuelle ;* or, qui nous dira la teneur en sels des mers siluriennes? Alors que tout a évolué, la salure de la mer aurait-elle seule conservé ses proportions initiales? Il me semble que les sels dissous dans la mer proviennent des roches qu'ont lavées, depuis l'origine, les eaux fluviales ou maritimes et que, par conséquent, l'eau de mer a dû varier étrangement, tant pour la concentration que pour la proportion des divers sels. A moins que la mer n'ait été *créée* salée? Le bon Rabelais en donne d'ailleurs une explication charmante : « Le philosophe raconte, en mouvant la question pourquoi c'est que l'eau de mer est salée, que au temps que Phébus bailla le gouvernement de son chariot lucifique à son fils Phaéton, le dit Phaéton, mal appris en l'art et ne sçavant ensuivre la ligne écliptique entre les deux tropiques de la sphère du soleil, varia de son chemin, et tant approcha de terre qu'il mit à sec toutes les contrées subjacentes..... Adoncq, la Terre fut tant chauffée qu'il lui vint une sueur énorme, dont elle *sua* toute la mer, qui par ce est salée; car toute sueur est salée. » (*Pantagruel*, liv. II, chap. II). Et cette *sueur* provenait naturellement du milieu intérieur de la terre qui était de l'eau de mer comme tous les milieux intérieurs! Il n'y a rien de nouveau sous le soleil!

TABLE DES MATIÈRES

Pages

Dédicace a Émile Lacour v

INTRODUCTION

La narration historique 1

PREMIER LIVRE
LIGNÉE ET VARIATION

§ 1. Plan du premier livre 21

CHAPITRE PREMIER. — **Les divers points de vue dans l'étude de la vie.** 23

§ 2. Pas de caractère physique commun aux êtres vivants. 23
§ 3. Le point de vue énergétique. 25
§ 4. Le point de vue morphologique 29

CHAPITRE II. — **Le point de vue chimique** 34

§ 5. Hérédité et assimilation 34
§ 6. Qu'est-ce qu'une loi approchée? 37
§ 7. La destruction chimique. 39
§ 8. La variation chimique. 41
§ 9. La variation transmise. 42
§ 10. La variation est lente. 48

CHAPITRE III. — **Le point de vue mécanisme.** . . . 51

§ 11. Le mécanisme individuel 51
§ 12. Le principe de Lamarck. 53
§ 13. La succession des individus. 57

		Pages
§ 14.	**Lamarckiens et Darwiniens,**	61
§ 15.	Hérédité et éducation.	63
§ 16.	Le squelette.	65
§ 17.	Les caractères individuels.	66

CHAPITRE IV. — **La reproduction sexuelle** 70

§ 18. Impossibilité de prévoir le résultat d'un croisement. 70
§ 19. Parasitisme et symbiose 74

CHAPITRE V. — **Les caractères psychiques** 76

§ 20. Le langage psychologique. 76
§ 21. Instincts et intelligence. 80

DEUXIÈME LIVRE

LES CONSÉQUENCES INDIVIDUELLES ET SOCIALES DE LA CONTINUITÉ DES LIGNÉES

§ 22. Plan du deuxième livre. 83

CHAPITRE VI. — **La canalisation du hasard.** 87

§ 23 87

PREMIÈRE PARTIE DU LIVRE II

LE DÉVELOPPEMENT ANCESTRAL DE L'ÉGOÏSME. ORIGINE DE LA LOGIQUE

CHAPITRE VII. — **Individu et expérience** 102

§ 24. L'individu dans le milieu. 102
§ 25. L'expérience 107

CHAPITRE VIII. — **L'instinct de la conservation.** 111

§ 26. Des bactéries à l'homme 111
§ 27. Le renouvellement du milieu intérieur. 115
§ 28. L'alimentation 119
§ 29. Les conditions physiques. 124

TABLE DES MATIÈRES

Pages

CHAPITRE IX. — Les relations de l'animal avec l'ambiance. 129

§ 30. L'expérience dépend du genre de vie. 129
§ 31. L'expérience de la pesanteur 130
§ 32. L'expérience des corps solides 132
§ 33. La douleur 138

CHAPITRE X. — La peur 140

§ 34. La conscience salutaire du danger 140
§ 35. La peur mystique et l'origine des dieux 144
§ 36. L'exploitation de la peur 148

CHAPITRE XI. — Les entités métaphysiques anthropoïdes. 156

§ 37. — Cause, force, âme. 156

CHAPITRE XII. — La mort. 168

§ 38. La peur de la mort. 168
§ 39. La crainte de l'au-delà. 172
§ 40. Le regret de la vie. 176
§ 41. La liberté et la finalité 179

DEUXIÈME PARTIE DU LIVRE II

LE DÉVELOPPEMENT ANCESTRAL DE L'ALTRUISME, ORIGINE DE LA MORALE

CHAPITRE XIII. — L'altruisme reproducteur. 183

§ 42. Individu et multiplication. 183

CHAPITRE XIV. — Les caractères acquis et la genèse de l'absolu. 191

§ 43. La fraternité. 191
§ 44. Le sentiment religieux 197
§ 45. La justice. 200
§ 46. La responsabilité individuelle. 206

CHAPITRE XV. — La vérité humaine 220

§ 47. De l'importance qu'il faut accorder aux sentiments dans la législation. 220

§ 48. Le progrès 224
§ 49. L'art. 226
§ 50. La magie des mots 229

CHAPITRE XVI. — L'évolution du langage articulé. 244

§ 51. Tradition orale et hérédité 244
§ 52. Les déformations du langage et la règle celtique des mutes 247

TROISIÈME LIVRE

LA DISTRIBUTION DES PARTICULARITÉS INDIVIDUELLES PAR LA GÉNÉRATION SEXUÉE

CHAPITRE XVII. — **Le sexe** 253

§ 53. L'amphimixie, ou mélange des caractères des parents dans la reproduction sexuée 253
§ 54. Les divers atavismes 260
    I. Les caractères latents 260
    II. Les variétés dues à la sélection artificielle. 261
    III. Le retour des métis à l'ancêtre 261

CHAPITRE XVIII. — **La théorie des particules représentatives** 263

§ 55. Elle est la négation de l'évolution 263
§ 56. L'hérédité des diathèses ou hérédité mendélienne. 267

CHAPITRE XIX. — **L'attraction sexuelle** 284

§ 57. L'amour 284

PREMIER APPENDICE

Les formes de l'énergie. (Complément au § 3) 289

DEUXIÈME APPENDICE

L'influence ancestrale du milieu marin 301

58J7. — Paris. — Imp. Hemmerlé et Cⁱᵉ.

www.ingramcontent.com/pod-product-compliance
Lightning Source LLC
Chambersburg PA
CBHW071521160426
43196CB00010B/1611